# 從0開始
# 賺1億 2

## 是真的！
### 房產天王呂原富教你零元購屋

呂原富◎著

## 自序
# 這樣做，五年內變千萬富翁

出書的目的是為了什麼？

認識我的人都知道，我出書絕對不是為了想賺錢或想成名。如果將花在出書的時間，用來從事房地產投資，我絕對可以創造超過十倍以上的獲利。

我真的一心只想讓更多的人，擺脫過往錯誤的理財思維，希望大家可以透過簡單的方式獲得財富，過更好的生活。

曾經，我也因為負債為錢奔走，生活苦不堪言。但後來找到方法，也經過多年來的驗證，如今，我成為億萬富翁。寫這本書，真的只想幫助更多人，我願意不藏私地分享自己是如何從谷底翻升，如何擁有財富自由。

我知道現代人都很忙碌，也許覺得連看完一本書要

耗的時間都嫌太多。那麼在此我僅用幾行字，強烈表達我要告訴讀者的重點，並且希望您讀完這幾行字，也願意花一點點時間，繼續把全書看完。

**本書希望您：**

可以在五年內，為自己賺進千萬以上的財富。

可以無憂無慮的完成原本的夢想，因為您有充足的財富無後顧之憂。

方法簡單明確，已經有太多人實際驗證，進可攻退可守的理財良方。

那就是，請您依照本書所說的方法，每年正確投資兩棟房子，只要連續五年做好這件事，我敢保證，五年後您至少是千萬富翁。

我知道許多人看完這幾句話，腦海中第一個浮現的想法是：「說的比做的簡單」、「我連租房子的錢都不夠，哪有錢買房？」「這是在開窮人的玩笑嗎？」

是的，有這些想法都很正常，要突破觀念窠臼本就不容易。所以本書的第一章，先不講買房子的技術面，

而要從打破觀念著手。

請相信我，這麼多年來，我碰到成千上百個原本也都覺得「自己不可能買屋」的人，現在都已經透過正確買屋，大幅改善他們的生活。

我願意不斷苦口婆心推廣這件事，再重複一次：只要您願意依照本書傳授的觀念，每年正確投資兩棟房子，連續五年，保證至少可以成為千萬富翁。

對於各種投資細節，我除了出書，也絕對不吝和您見面分享。我和我的團隊們，每個月固定舉辦四場投資講座，地點分別在臺北、新北、桃園以及新竹。

您想改善您的生活嗎？歡迎來參加我的講座，給自己一個機會，聽聽我的建言，一定可以開啟您另一個新的人生。

相關訊息，也歡迎透過我的臉書，與我互動。

衷心希望您加入千萬富翁俱樂部。

一起參與吧！

# 目錄 CONTENTS

## 第二章　架對軌道，立刻買到好房子

## 第三章　夢想成真──築夢、追夢、圓夢

## 第四章　未來，我最看好的地區

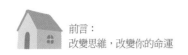
前言：改變思維，改變你的命運

# 努力工作很重要，
# 但是學會投資比努力工作還要更重要

　　從上一本書《從零開始賺一億》出版到現在，過了大約一年半。

　　之前我曾許下承諾，要透過演講幫助更多的人。過往我是個超級業務員，同時也是房屋理財達人，透過正確的房屋投資買賣，我讓自己從負債千萬，在十年期間兩度從 0 成為億萬富翁。

　　我並不是一個專業專職的演講者，對我來說，靠著專業及真誠的心向客戶介紹房地產是一回事，要我在臺上對著數百人講話又是另一回事。

　　但我知道這是我一定要達到的目標，因為我發現，唯有透過演講，才能一次面對最多的人，同時也一次幫

助最多的人。

這是我的承諾，而我也做到了。

過往超過一年半，我已經在臺灣北、中、南各地演講超過兩百場，過程中也幫助超過四百位學員，協助他們成就致富夢想。

演講的另一個好處，讓我在不同城市遇見不同的學員，也因此可以聽到來自各地的聲音，讓我更加確信也更加印證了在上一本書強調的房屋投資，真的可以幫助很多人。

我深深覺得，人生在世不能不懂理財，這完全和銅不銅臭無干，而是因為正確的金錢態度，可以大幅改變一個人的生活。

　　一個人可以同時是烹飪高手、繪畫高手、體育高手、音樂高手，或者各個職場的達人，但我認為共通要學的基本技能，就是理財。

　　長久以來，太多錯誤的觀念影響著許多人。
　　舉例來說，當你手中有錢時，到底該不該還貸款？

　　以原本條件相當的甲、乙二人為例：

　　甲在三十歲時買入一間屋齡二十年的房子，其間一直在還貸款，到他五十歲時，身上僅餘存款少許，同時讓自己居住在這間屋齡已四十年的老公寓！

　　乙也是在三十歲時買房，但他並不急著還貸款，而是運用本書的方式，以投資的角度來買賣房子。當他五十歲時，已擁有了四戶房子，其中三戶在出租。
　　這兩個人，誰的理財態度比較聰明呢？

再舉個例子，以我自己來說，我這輩子到目前為止買過七輛車。

第一輛車花了 60 萬元，那時我正在做業務；第二輛車花了 5 萬元，那是我正處於破產，窮困潦倒時開的二手車；第三輛車花了 50 萬元，那時開始在房地產賺到錢了；第四輛車花了 70 萬元，那時投資賺錢中，肯捨得花錢；第五輛車花了 130 萬元，當時投資賺更多錢，更肯花大錢買車了；第六輛車花了 205 萬元，不用說，還是那句話：投資賺更多錢；第七輛車則花了 235 萬元（現在進行式）。

講這些不是在炫耀我買了什麼車，而是想和大家分享一個金錢觀念。

如果把這七輛車的總價加起來是多少錢呢？加總起來是 755 萬。這是一筆不小的金額，但這筆金額現在剩下多少呢？前面六輛車不用說，全都已經報廢了，就算是最新的那一輛也是折舊中，如果轉賣出去，可能賣不到 100 萬。

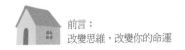

當然，買車不一定不好，有時候做業務，總是需要代步工具。但假定當初把這些買車的錢都存起來，並且透過複利的觀念，讓這些錢持續運轉，我手中又會因此增加多少錢呢？

如果當初拿這筆錢來買房子，應該可以買個五間房子，而且這些房子肯定還在我名下，同時價值遠遠大過755 萬，甚至可能已經超過 2,000 萬了。

這就是有關金錢的學問。

每個人可能都有些錯誤的預設立場，例如：「認為自己資金不足，永遠和房屋投資無緣。」或是「賺錢之道無他，拚命工作而已。」等等，有些觀念似是而非，有些觀念則必須調整。

透過本書，我將與大家分享理財實務，以及如何不需高額自備金也能擁有自己的房子。

希望所有讀者都能朝「財富自由」之路邁進，成為有錢人。

90%的人都不會因為努力工作而成為億萬富翁，所以大家一定要記得：

努力工作很重要，

但是學會投資比努力工作更重要！

第一章

## 該是換個腦袋的時候了

每個人追求的願望都不一樣，有的人想要環遊世界；有的人想要蓋一家孤兒院；有的人想在海邊開一間悠閒自在的民宿咖啡館；有的人想在郵輪舉辦超級宴會，然後在眾人面前向心愛的她求婚。

這世間的夢想、願望似乎千奇百怪、包羅萬象，看起來沒有交集，但其實絕大部分的願望都有一個共通點：

只要有足夠的錢，大部分的願望都可以實現，到頭來，這些願望歸納成一個結論：**就是要讓自己變成有錢人。**

談錢並不可恥，想要拒絕銅臭味，那麼所有願望永遠只能夢中見。

然而為何許多人談起八卦、談起政治，可以慷慨陳詞、義憤填膺，可以充滿熱情，非常有想法。可是每次談起致富，就好像變了人似的，總覺得財富與我無緣，只要生活夠用就好了。

「變成有錢」這件事，真的離我們遙不可及嗎？

我在此要告訴你：
**只要改變腦袋，就能改變你的口袋！**

改變腦袋的第 101 個思維

# 不要談今天你花了多少錢？
# 看你今天資產總值變多少？

　　一般人都在思考，每個月可以省多少或者多賺多少錢？有錢人卻都在思考，如何快速增加他的資產淨值？

　　我是個熱愛賺錢的人，但我絕不是個一味講求「生命就是工作」的人。

　　我雖然對財務數字非常敏感，但也愛好音樂及閱讀文學。曾經讀到一位知名印度詩人泰戈爾的詩句：「世界上最遙遠的距離，不是我就站在你面前，你卻不知道我愛你；而是，明明知道彼此相愛，卻不能在一起。」

　　在此請容我殺風景，銅臭一下。

　　我覺得對於「不懂理財」的人來說，他們與「金錢」之間似乎也存在這樣的關係：「世界上最遙遠的距離，不是我就站在錢面前，錢卻不知道我愛它；而是，明明知道我愛錢、錢也愛我，但卻不能緊密地黏在一起。」

我認識的每個人都愛錢，就連宗教界的大師尊長也需要經費來推展活動，但多數人看待金錢的方式卻是錯誤的。我問過許多辛勤打拚的上班族想要變富有嗎？他們都一致表示要變有錢人。

　　但怎麼做呢？

　　甲說：「我要努力的加班，讓公司看到我的表現，相信兩三年就可升官加薪。」

　　乙說：「我下班後還兼一個工作，每月為自己額外掙得兩萬兼職收入。」

　　丙說：「我每天設定目標要打一百通電話，不打完就不睡覺，我要變成業績王！」

　　以上這些賺錢方式正確嗎？相信這些方法不但倍受許多人肯定，甚至坊間許多業務教戰守則都在告訴人們，必須這樣勤奮賺錢。

　　我絕不否認勤奮賺錢的重要，事實上，我自己也是每天有紀律的早出晚歸，從不懈怠地工作著。

但是，我忙碌的重點：

**不在如何「賺錢」，而在如何「增加財富」。**

賺錢和增加財富，乍看像是同一件事，實則有先後之分。

**我們先要知道如何增加財富，再來努力賺錢。**

舉個例子：遠古時代，有兩個人從同一個村落出發，要比看誰最快到達距離三百公里外的另一個村落。村民A是個堅強有毅力的人，而且他還是身體健壯的年輕人，他黎明前就出發，身上背著五天的糧食，每天不斷前進再前進，中途只稍作歇息就繼續前進。當他出發時，村民B還在家中睡覺呢！而B是個肥胖的中年人，體力完全無法和A相比。

五天過後，一身疲憊的A終於來到終點村落，他覺得自己穩操勝券，殊不知B早已好整以暇等在那裡，他比A還早兩天到達。

原來，B當時不急著出發，他寧願花一天功夫，在家打造一輛有輪子的車，之後在車上載著自己和食糧，

由一匹馬牽著往前跑，只花兩天就到達目的地。

　　現代人多半覺得這個故事沒什麼特別的，誰都知道有輪子的車永遠跑得比單靠雙腿的人快。這道理淺顯，但重點是：為什麼每個人都寧願當那個用雙腿跑的人，而不想當那個只坐在車上休息就可得勝的人呢？

　　**努力往前是一回事，如何往前又是一回事。**

　　努力往前，就像是努力賺錢的概念，這沒有不對，努力終會到達目標。但如果不先找到最佳的前進方法，那麼再怎麼努力，還是永遠落後在懂得方法的人後面。

　　有時中午去餐館，會聽到有人談到：「這個餐太貴了，點另外一個餐就好了，可以省 100 元。」用餐過程，無意間聽到餐廳老闆和妻子的對話，他們說今天客人比昨天多，營業額大概會增加 3,000 元。

　　省 100 元，這重要嗎？勤儉至上，這是重要的。

　　營業額增加 3,000 元，這重要嗎？業績增加，這當然也是重要的。

　　我從來不否定「勤儉」與「努力增加業績」這些事的重要性。

但如果每個人在「勤儉」與「努力增加業績」之前，有一個更主要的財富倍增方式，那不是更好嗎？

當我每個月檢視自己的財產，光是房地產投資所為我增加的財富，就可以幾十萬、幾百萬計，那相對來說，省 100 元或業績多 3,000 元，對我來說有意義嗎？

就好比一個人努力往前跑，每天多跑十公里。但另一個人很輕鬆，不用跑就到達目的地。這樣比有意義嗎？這已經不是一種同性質的事。

我必須再次強調，「增加財富」與「努力賺錢」是兩種不同性質的事。

今天起，先暫停一下你那努力工作的「雙腿」，停下來用心思考，有沒有「輪子」來裝載你的財富？

做為生活思維，請試著多想想，我的「財富淨值」是多少？再去想「每天收入及開銷」是多少？

有錢人就像村民 B，他們把重點放在「投資工具」，一般人就像村民 A，他們把重點放在「努力工作」。

請試著讓自己用「有錢人的腦袋」想事情。

世界上最遙遠的距離，不是靠雙腿拉近，而要靠腦袋拉近。

# 你是要選「方便的」路走？
# 還是要選「對的」路走？

這是一個流傳已久的笑話。

某個旅人遺失了一顆珍貴的寶石。他滿頭大汗著急地在一個驛站旁空地找，經過的路人看到旅人那麼著急，也都好心圍過來幫他一起找。一個時辰、兩個時辰過去，這驛站並沒有很大，該找的地方都找了，已經將周邊都翻遍，若有寶石也早該找到了，但十多個人一起找就是找不到。於是就有人問那個旅人，確定寶石是在這邊掉的嗎？旅人的回答，寶石竟然不是在這邊掉的。那為什麼在這邊找呢？「因為這邊比較亮啊！」

這樣的笑話，不只出現在故事書裡。

事實上，這樣的事，每天都在我們身邊發生。

我常聽到很多人，明明懂得某種理財的方法，或者一個可以致富的竅門。但他知道是知道，卻不願意去做。

因為「聽人家說」，那樣做有很多缺點。

「我家人說那都是騙人的，錢哪有那麼好賺？」

「我朋友說，做那個很辛苦，卻不一定賺得到錢。」

「唉呀！報上說十個投資九個失敗，認命過日子比較重要啦！」

這樣的話，在哪裡聽過？我想每個人在日常生活中一定都聽過。

但他們那些家人、朋友，以及報上所提的「某某人」（其實就是記者自己）說的話，是不是正確的呢？這點就沒有人會再去進一步驗證。

其實傳說中的任何話語，當然也會有一定正確性，只是看怎麼解讀。就好比我們問有沒有人走在路上被車撞到？答案絕對是有。所以結論就是：「走在路上就是危險的」嗎？

這樣的答案荒謬可笑，卻在生活中常見到。

**任何事都有正反兩面，**

**能夠善用優點的人，可以得到正面的好處；**

**只看得到缺點的人，永遠就得到反面的效果。**

當我們知道有一件美好的事物，想要了解，卻不去「正確的地方」了解，而只求方便地找身邊的人了解，這就像那個遺失珠寶的旅人，他想找珠寶，卻不在正確的地方找，結果當然是找不到。

最常見的珍寶是什麼？人人都需要財富，但有句話說：「與其給一條魚，不如給一根釣竿。」

**魚和釣竿哪個才是珍寶？答案是兩個都是，但前者是暫時單一性的珍寶，後者是影響力久遠的長期珍寶。**

然而太多人只將焦點放在找到更多的魚，他們可能每天花很多功夫，一天只抓到兩三條魚。但當知道有釣竿這個更重要的珍寶出現時，他們卻選擇質疑，然後向錯誤的人問問題，最後理所當然地，得到錯誤的答案。

如何織出一匹美麗的布？

你是應該去問那個織出美麗作品的織布達人？還是去問在一邊的旁觀者？

如何賺到一千萬？

你是應該去問那個真正賺到一千萬的人？還是去問

普通的上班族？

這些答案如此的明顯，連小學生都可以輕易地回答。但為何我們多數人卻會犯這樣的錯？

**其實原因不是我們不懂得問，而是因為我們害怕去改變。**

我們知道，如果多花點心力，每天多規範自己去打電話，就可以成為年收入破百萬的業績高手。但許多人選擇去否定，並且藉由問錯誤的對象、得到錯誤的答案來自我安慰。

「做直銷是騙人的啦！」、「那些業務高手都是犧牲健康換來的啦！」、「那些月入數十萬的人都是透過不正當方式的啦！」

用別人的意見來掩飾自己只圖安逸、不想突破舒適圈的心態。

我們知道，透過投資方式可以大幅增進自己財富，我們知道房屋理財可以讓自己成為富翁。但許多人卻寧願選擇保守，因為家人朋友會說：「投資風險很高，說會賺錢都騙人的啦！」、「世界上哪有那麼好康的事，

還是每天認份上班較實際。」、「真正靠投資賺錢只是少數人啦！你去只會當白老鼠。」

用別人的意見來也掩飾自己害怕改變、害怕冒險的心態。

我曾經負債上千萬元，然而我卻可以從零開始，之後再次成為億萬富翁。我都已經用「親身經歷」具體證明投資房地產的好處。明明我就是個最佳的見證，也願意不藏私地把投資致富祕笈與想要賺錢的人分享，可是許多人還是寧願聽從那些完全沒有投資房屋經驗、本身也資產不豐的朋友意見，選擇將可以致富的珍寶拒絕在外。

從事房地產投資以及教育事業這麼多年來，我深深覺得：

**投資能否成功？最大的敵人不是環境不佳，也不是理財知識不好，而是自己選擇不讓自己成功。**

要想讓自己擺脫貧窮，投資致富，請務必改變腦袋，讓自己選擇「對」的路走，而不是選擇「方便」的路走。

改變腦袋的第 103 個思維

# 你想要當一個窮困的英雄？
# 還是當一個有錢的富少？

　　許多人受到電影及小說的影響，把自己的價值觀變得很「不切實際」。

　　螢幕裡，當美麗少女招受惡霸欺凌，楚楚可憐感到非常無助，此時，英雄出現了，痛扁惡霸，然後在少女傾慕的眼光中瀟灑而去。這樣的場景，多讓人嚮往啊！相對來說，在電影裡出現的惡少，常常出現的身分是富家少爺，出入有管家服侍，行、住、坐、臥都被照顧得好好的，這個人常被刻意演成腦滿腸肥、一副癡呆樣貌，讓人感到鄙夷。

　　問觀眾們喜歡當誰？大家當然都要當英雄。

　　但在真正的現實生活裡，英雄有錢？還是「被服務」的富少有錢？

　　答案大家心知肚明。

我覺得很多人有個錯誤的觀念，而且我認為他們其實也知道自己是錯的，只不過他們寧願讓自己沉迷在錯誤觀念裡，好掩飾他們沒能理財致富的事實。

　　這個錯誤的觀念就是：「大部分有錢人都是利用別人賺錢，都是踩著窮人的背脊爬上去的。」引申的結論就是：「我雖然不是有錢人，但我行得正做得直，我是道德高尚快樂的人。」

　　也剛好有太多的電影都願意幫觀眾們補足這樣的畫面，盡量把有錢人演得壞一點，把他們演成在眾人面前頤指氣使，一旦被英雄教訓後，跪地痛哭求饒的窩囊樣。

　　別以為這樣的觀念無傷大雅，認為不過就是我們「平凡人」偶爾抒發一下平日上班被老闆欺壓的怨氣。反正電影只是娛樂，我們依然會努力工作，明天會更好。

　　不幸地，觀念是會發芽的，若是從小在心裡積累長成一顆心中的大樹，那更是可以把你整個人生毀滅，你卻仍不自知。

　　比起前面我講過的「只知收入重要卻不知資產更重要」，以及「想賺錢卻不找對的方法」。一個「對有錢

人形象的錯誤觀念」，更能對你的一生產生重大的負面影響。

其影響所致：

## 一、產生仇富心理

這是最可怕的，一個人若知道自己不足，還可以勇往直追；但一個人覺得自己「沒問題」，那就沒救了。當一個人覺得自己不是有錢人，是因為「變成有錢人不好」，那「變成有錢人」這件事就不會成為他的人生目標。長久下來，由於這樣的觀念已經根深柢固，變成他思維的一部分，乃至於他對此渾然不覺。明明他也想努力工作賺錢，也想方設法去到處找財源，但總是高不成低不就，永遠被困在缺錢的狀態。原來是在心底深處，他從年輕就已埋下的仇富種子，讓自己永遠不能往成功致富靠攏。因為內心是誠實的，心怎麼會帶領你往你「仇恨」的地方去呢？

## 二、累積錯誤抉擇

生活是由什麼構成的？生活是由每一天構成的。每

一天又是由什麼構成的？每一天是由每一個小小決定構成的。

　　人總要做決定，小至今天中午要吃麵還是吃飯？大至大學志願要填寫什麼學校、什麼科系？都是一種決定。

　　別小看每一個決定，人會做某種決定，一定植基於某種價值觀。一個內心仇富的人，在做每個決定時，一定會讓自己「離富有遠一點點」。今天遠一點，明天遠一點，日積月累經常「遠一點」。那麼你說，這樣的人怎麼可能成為富翁？

　　說起觀念這件事，每個人真的要用心思考「自己想要扮演的角色」。你是要成為「當事人」還是「旁觀者」？或者你要成為「反對者」？一般人看到有錢人，其實並沒有嚴重到要成為有錢人的「反對者」，但多半會把自己當成「旁觀者」，覺得有錢人的世界離自己遙遠。但境隨心轉，你若一直想旁觀別人有錢，卻不讓自己以有錢人的思維想事情，那要變成有錢人真的只能靠天降橫財了。

　　有錢人的思維是什麼？一個真正的有錢人，和只當

「旁觀者」的人，他們做事情的決定就會不一樣。

「決定」這件事本身是對是錯？依不同背景情況見仁見智，但決定時的「心態」是否正確，卻是影響人生的重要關鍵。

假定有兩個彼此不認識的人同一時間去買車，並且很巧地，他們都選定同一款車，包括廠牌、車型、顏色，乃至於最後付款的價碼，都一模一樣。

但某甲買車的心態是：我買這輛車是想對朋友炫耀，表示我很厲害，買車了，我很酷；某乙買車的心態卻是：我買這輛車是要協助我的業務工作，讓我的事業更有效率。

一年後，這輛車做為某甲的「炫富資產」，一年來他開車到處去玩，養車、修車等雜支耗掉他許多的錢，本來還有點積蓄的他，已經變得口袋空空如也。

相反地，這輛車做為某乙的「生財工具」，某乙開著他的車，做生意的範圍更為拓展，因為他可以去更遠的地方做生意，也讓他成交更多筆訂單。某乙的收入已

經比一年前增加三倍。

看到了嗎？

**做什麼事不重要，你「為什麼」要做這件事才重要。**

回到我們篇首的故事吧！

人人都想當英雄，但在理財的路上，真的有單槍匹馬的英雄嗎？所謂英雄都是在打擊邪惡嗎？其實那都是別人的劇本，事實上，像電影《蝙蝠俠》和《鋼鐵人》等，他們的主角既是英雄也是富翁。但他們共通的特色是，英雄部分耍帥可以，但賺錢的部分，絕對有專家協助操刀。

有錢的人背後都是有團隊的，不要被電影裡那些被慣壞的醜笨富少形象所誤導，也不要認為「被服務是可恥的」。

有錢人的觀念人人都可以學，就算現在身無分文，也不妨礙我們用有錢人的腦袋思考。

讓我們從第一步開始，認同有錢人，並且立志要成

為「形象健康」的有錢人。我們怎麼樣讓自己一步一步致富？如果是有錢人，就一定會想要買房子。

「不可能啦！我不可能買房子……」這樣的你，又落入排斥有錢人的思維裡了。

致富成為有錢人，買房子投資理財，不論你手中有多少資金，其實都可以做到。重點在於找到正確的團隊。你可以像電影裡的富少般被人服侍，但同時你也可以做英雄。

只要觀念對了，找到專業團隊為你服務，致富就不會是難事。

# 要當一個十項全能的通才？
# 還是讓專家為我們服務？

　　以前喜歡看一部電視影集，叫做《天龍特攻隊》，影片的主人翁是一群很有意思的團隊，人人身懷絕技，有人很會修東西，有人很會用操作機具等等。他們並非個個都集結了十八般武藝，相反地，他們都有各自的缺點，也都知道自己不完美。但當團隊出擊，分工合作，就可以完成任務，締造 Happy Ending。

　　生活中的我們，人人都有任務要完成。

　　有一項任務是大家都共通要達到的，雖然人人做法不同、手段不同，但若能達成這個任務，大家都可以成就個別的夢想。這個任務就是要——「賺大錢」。

　　這世界上有很多人真的超有本事，他們能賺大錢，一點也不意外。我們看看賈伯斯當年在介紹蘋果新機種時的那種大師氣度；我們看看川普在《誰是接班人》裡

那種令人不禁折服的富貴氣質；我們看看郭台銘指揮鴻海大軍，那種大家以他馬首是瞻的霸氣。他們都是大富豪，他們也都是許多人心目中的偶像英雄。因此，他們也經常形成一種高標準的門檻，讓許多人以他們為目標，但卻不敢想像自己可以和「他們一樣」。

事實上，我們根本不需要跟他們一樣，就好像他們永遠也不可能變得和你一樣一般。

每個人都有自己無可取代的特色，但這無礙於我們以各自不同的特色，一樣可以成為有錢人。重點就在於：找到專家為你效勞。

**有錢人和窮人最大的差別之一：**

**有錢人懂得找專家幫他服務，窮人什麼事都只能靠自己。**

歷史上最知名的有錢人是誰？是人人都耳熟能詳的漢朝創建者——劉邦。他自己也說過：「夫運籌帷幄之中，決勝千里之外，吾不如子房；鎮國撫民，給餉饋，

不絕糧道，吾不如蕭何；連百萬之眾，戰必勝，攻必取，吾不如韓信。三者皆傑，吾能用之，此吾所以取天下者也。」

劉邦有錢到什麼地步呢？有錢到全天下都是他的。但他是靠自己一個人「能者多勞」嗎？不是的，他是靠很多專家幫他服務，所以造就他能得到天下。

也許有人會問，打仗爭天下和我們想賺錢致富根本就是兩回事，怎麼可以混為一談呢？

這就是一般人最大的誤解，每個人都在追求自己的夢想，追求的過程逐步拓展自己的事業。這個事業就是每個人的「天下」，天下絕不是一個人能者多勞可以造就的，天下絕對要靠團隊。

越有錢的人，一定有越多人幫他們服務，造就的結果就是他們「變得更有錢」。

最沒效率的賺錢術，是以一己的時間或勞力賺錢，包括上班族以及所有論件計酬做為收入來源者皆是如此。這樣的賺錢術可以成為富翁嗎？還是可以的，只是其致富過程非常辛苦，致富的規模也極其有限。假定有

一個理髮師傅，他的技藝高超，客戶若想委託他理髮，每人要價 5,000 元。由於他實在太有名了，天天預約滿檔，光預約人次已經排到未來五年，這個師傅天天不休假，天天都有十個客戶等他。他的收入有多少呢？一天就可以賺 50,000 元，一個月就有 150 萬，年收入破千萬，絕對算是高收入。

這樣的收入夠多吧！可是代價是五年內他必須犧牲全部的生活休閒。

一個真正懂得理財的人，不用那麼辛苦就可以賺得比這位師傅還多。有錢人的賺錢術，是靠「系統」以及「錢本身的力量」來賺錢。

所謂系統，例如開公司創業、例如做傳銷經營一個銷售組織。但創業並不是那麼容易，系統也不是那麼好打造，多的是鎩羽而歸的例子。

但靠「錢本身的力量」那就不一樣了。只要善於抓住「錢的不同化身」，就可以獲得數倍的收益，並且重點是，這個收益並不妨礙一個人原本的其他事業或志業。

這個「錢的不同化身」，就是各種投資理財專業，

包括股票、期貨、黃金等等，以我個人的經驗來說，我最推薦的工具，就是房地產。

房地產是一個我們不必時時付出時間、勞力，就可為我們帶來財富的機制，它透過兩種方式幫我們創造財富，並且這兩種方式我們可以自由運用。

第一種就是房地產本身增值帶來的總體價值收入；第二種是房地產作為營業租用時帶來的經常性收入。

許多人談到房子就退避三舍，因為覺得自己口袋沒那個錢，根本想都不用想「買房子」這件事。這裡我要告訴大家最重要的觀念：「買房子，是可以不必單打獨鬥的」。

記得歷史上最有錢的劉邦，他是先準備一大筆錢才買下江山的嗎？他也是靠張良、蕭何等專家才能幫他創造價值。我們也要懂得用有錢人的腦袋來思考，找出我們的張良、蕭何來幫我們賺錢，幫我們打造天下。

一般人覺得自己不能買房子，因為有以下五大難題：

## 一、我沒有那麼多錢，怎麼有能力買房子？

答案：透過專家，買房子不用準備很多自備款，我也經常輔導各種購屋投資個案，絕對可以完全不用自備款，就擁有自己的房子。

## 二、我不會挑房子，何況我的工作很忙，沒辦法找到好房子。

答案：人人喜歡的房子不同，但一定有個標準，只要透過專家，他們可以為你分憂，成為你的「分身」，幫你找到好的房子。

## 三、我的財力很差，銀行怎可能跟我談？

答案：銀行看的不是一個人有沒有錢，而是一個貸款案有沒有「投資價值」，若有專家協助你，將有機會可談判出最好的貸款條件。

## 四、我如何能承受每月的房貸壓力？

答案：房屋是一種投資，不是負擔。透過專家的協助，可以幫你改造房子，並且協助將房子出租、創造收益，甚至可以讓你不用負擔房貸，並且還能有淨收入。

## 五、我不擅長理財，對於買房子後如何投資增值，我完全不懂。

答案：有了專家協助，將提供最佳諮詢，幫你掌握市場狀況，所有的買賣流程，也會有專家協助你運作。辛苦的事交給他們，他們就是你的張良、蕭何，你只要坐等領取最終豐厚的報酬即可。過程只需負擔一點微薄的仲介費，財富就可倍增。

　　單打獨鬥的時代早已過去，現在所有的大企業家都擁有龐大的專家群，幫他操持各項事務，日夜為他賺錢。

　　這不是有錢人的專利，只要改變你的腦袋思維，不要再讓自己用「一個人」的角度想事情，那麼你將發現，賺錢的路上你擁有的資源很多，財富就等在前方。

改變腦袋的第 105 個思維

# 你要找理由讓自己變有錢？
# 還是找藉口讓自己窮得有理？

　　大家都知道的一個健康知識，人體有 60 ～ 80% 是由水構成的。這和理財有什麼關係呢？

　　有的！我想和大家分享一個很重要的觀念，那就是一個事物的單一性以及兩面性。

　　什麼是單一性呢？我們都知道「能量不滅定理」，一個能量若不在這裡，就會跑到那裡，不會不見，只是呈現形式會變。以水來說，它可以是孕育許多生物的一潭池水，也可以變成漫天蓋地帶來災難的水患，這是它的單一性，就是說它一定要有個「存在的地方」。

　　什麼是兩面性呢？就是指凡事一定有好的一面及壞的一面，以水來說，它可以是池水，也可以是水患。占人體 60% 以上的水是這樣，占心靈全部內涵的「能量」也是這樣。我們的能量，不是用在負面，就是用在正面。

不論花在正面或負面，都要負擔同樣心思。好比一個人今天碰到一個狀況，他可以把這個狀況定位為不愉快，然後花很多功夫去抱怨，他浪費很多時間；他也可以把這狀況定位為正面學習，內心覺得自己又學到人生一課，他同樣度過那段時間，但少了抱怨，多了成長。

有錢人和窮人在很多地方是相同的。以時間來說，兩者一天都有二十四小時，絕對的公平，也絕對的客觀。

以腦容量來說，也許人人智商不同，但差距也不會太大。事實證明，並不是智商高的人就比較容易致富。基本上，同一個時代的任何兩個人，理財知識的可獲取來源都是差不多的。

但我們可以從許許多多成功致富的案例，發現到一個共通的現象。那就是：

**致富者和一般人最大的差別，不是他們天生比別人擁有的多，而是他們針對手中資源的詮釋方式，是用「有錢人」的方式詮釋。**

　　有錢人願意用另一種角度看待事情，找「理由」讓自己變有錢，而不是找「藉口」讓自己一再遠離財富。

　　當馬雲創立阿里巴巴時，他不會說：「我只是個老師，電腦非我專長領域，所以我沒法成功」。

　　當張忠謀擴建晶圓廠時，他不會說：「這種規格世界上還沒有，因為沒有參考目標，所以我做不到。」

　　其實所有的成功人士在做抉擇的那一刻，他們心中都有兩個「面向」可以選，當多數人寧願保守點，選擇比較負面的那一面，他們卻堅持選擇正面。也因此多數人都不能成功致富，而那些堅持正面的人就能脫穎而出。

　　如果我現在問：「你為什麼不能變有錢人？」相信你可以舉出一百個以上的藉口：因為我不是銜著金湯匙出身、因為長輩沒有留給我足夠的資金、因為我只是個上班族、因為我腦子沒那麼聰明、因為大環境不好……

　　但如果我告訴大家，不論你現在服務於哪一行。只要跟著我學房屋理財，就可以讓你五年內變成千萬富翁，那你願不願意呢？你要讓自己心裡的能量流往正面思維還是負面思維？

這裡我們來整理，你覺得自己「沒辦法」買房子可能的「藉口」吧！

不買房子的五大常見藉口：

## 一、別人的負面意見

家家有本難念的經，人人有各種狀況，可能因為這個緣故，因為那個理由，影響他不能買房子。但在所有「不能買房子」的藉口中，我覺得最糟的一個藉口，就是「別人說」不要買！

每當我聽到有人這樣說，心裡就會想：「你的人生何其珍貴？為何卻把影響一生中很重要的事，丟給『非專家』們用非專業的話，破壞你原本的致富夢？」

依照我的經驗，所謂「別人」，不一定是壞人，但肯定不是專家。

他們會阻撓你，因為：

### 1、基於好心，怕你被騙，畢竟這世界上壞人很多。

但就好像在學習成長中的孩子般，如果家長一味怕孩子碰到壞人，乾脆將孩子整天關在家裡，這樣不是矯枉過正嗎？

**2、基於經驗，覺得賺錢沒那麼簡單。**

追根究柢，你會發現這些人的意見來源，其實也是「聽別人說」。他們並沒有實際投資成功經驗，但有的是「道聽塗說」的經驗。

**3、過於理性的分析。**

若依照非專家的分析，的確覺得買房子「不可能」那麼容易，但這就是需要專家的原因，我們鼓勵投資房地產，但也一再強調一定要找專家，若自己胡亂買房子，想要自己買自己賣，那我們不保證一定可以獲利。

**4、居心不良。**

以人性本善為立場，我們就不討論這種故意講負面意見，只為了眼紅不想看你賺大錢的情況。

## 二、要求太完美

這個藉口可以理解。事實上，任何房屋投資理財達人，在他們尚未成為達人前難免也會犯這樣的錯。所以

若因為總是找不到好物件，而讓自己還是無法早日享受投資房地產致富的樂趣，這裡可以提出幾個化解方式。

## 1、房子是個「狀態」，而非「定貌」。

錯誤的思維，就是把房子比擬成一顆寶石，以為買進來就是要「封存收藏」的。但其實房子更像是一件禮服，買來的時候很美麗，但它可以在將來不同時刻，好比說妹妹結婚時，禮服可以再被修改。

房子也是如此，房子絕對是可以「修改」的，若你買來的時候只有八十分，那你可以把它修改成你心目中的一百分。甚至隨著一個人的心境變化，也許「現在的你」跟「去年的你」想法已經不同，對房子滿分的標準也不同，那你就會將房子做「修改」。

這個修改可以是裝潢，也可以只是小小的佈置。但無論如何，我們買屋時不用追求百分百滿分，甚至也不用到八、九十分，只要有七十分程度的滿意，就可以修改成更高分，這方面專家也會協助。

## 2、房子是人生的「過程」物件，而非「最終」物件。

買房子這件事實在太神聖了，神聖到許多人認為這是這輩子「最重要」的事。我要告訴大家，這也是有錢人和一般人思維很重要的差別：

一般人會說：房子是我一生中最重要的資產；
有錢人會說：房子只是個人理財工具的一環。

錯誤的定義帶來錯誤的結果。當你把房子看得太神聖，很容易就會把自己降格為屋奴。所謂屋奴，並沒有任何人強迫你，甚至也不是銀行強迫你，會當屋奴，完完全全是自己做的定義。

當我們把房子當成是理財工具的一環，我們有自信：我們可以擁有一棟接一棟的房子，而那些房子只是我們理財策略的一環。也許這棟房子買了之後三年後會賣出，兩年後又另外買一棟，五年後是另一棟，同時間手中會陸續有很多棟。

當你這樣想時，就會發覺過往把房子用「最終物件」

的標準綁住，導致自己不敢買房子，因為當時怎樣都找不到「最好的房子」，這樣的觀念是很好笑的。

### 3、怎樣的房子都有人要，不要將你的標準套在別人的標準上。

覺得房子不夠完美的人，往往有個問題，就是他是以「自己的」標準看事情。有人會說，是「我」買房子，當然是以「我」的標準看房子，難道這樣有錯嗎？

於是這就回到原本的問題：

你買這棟房子是要投資理財，還是終身自住？

若以投資理財的立場，我們的定義買房子是為了「增加自己的財富」。

以此角度，房屋到後來會有兩個「服務對象」，一個是將來接手的買家，一個是房屋持有期間的住戶，也就是房客。不論是前者或後者，他們對房子的觀點一定和你不一樣。

也許你買房子時覺得座向不對，但實際上買家卻剛好喜歡那種座向。既然未來房子承接方的喜好有各式各樣，那我們一開始買屋就不用讓自己被「完美標準」綁死。因為，並沒有所謂「完美標準」。

## 三、風水是個難題

在多年的房屋買賣經驗中，我發現有很多人為何後來不能做出買屋決策，影響他們做決定的關鍵，不是任何的「別人」，而是看不見的力量。

我本身對任何宗教信仰都沒有排斥，也覺得投資理財和個人追求心靈寄託完全不會衝突。但若以這種超越人類的力量做為讓自己不能買屋的藉口，那我就覺得比較不能理解。

曾經碰過一個客戶，她很喜歡一棟房子，但卻遲遲無法做下購買決定，因為她的家人剛好懂風水，跟她說這房子風水不好，叫她不要買。如果這個客戶本身不喜歡這房子那也就罷了，可以再找其他物件，但現在明明她很喜歡，只因為風水的原因不能買，我就覺得必須要

溝通。於是我找機會和她家人溝通，告訴他們買房屋是一種投資理財，並不會牽涉到個人的身家命運。我也覺得若一個人真的有很深的「功力」，可以看透超越人間的事，那他可以透過他這方面的「專業」，把房子做點改變，好比說裝八卦鏡或布置水池作為財庫等等。一定有方法改變，而不是一味的拒絕。

那個客戶後來還是買了那棟房子，她買的時候一坪7萬元，等她投資幾年脫手後，已經漲到一坪17萬。這棟房子四十九坪，僅用五年的時間，一個正確的決定讓她賺了490萬。

## 四、沒錢買房子

這也是很常見的理由。本書第三章將提供幾個案例，讓讀者知道，就算自備款不足，也可以聰明購屋。

## 五、覺得租屋比買屋划算

有一個族群的人，寧願租房子也不要買房子，他們甚至還可以提出一套經濟算式，「證明」擁有房子的成

本負擔，還不如租房子划算。他們的論調基於三點：

1、買房子會讓自己淪為銀行的債務人，失去自由；

2、有資產就有風險，並且有很多維護成本（包括房屋稅、維修費用等等）；

3、租屋可以讓自己有各種選擇，今年高興住海邊，明年高興住山上，可以享受人生多樣化。

　　我並不反對每個族群有自己的見解，我覺得租屋族能夠享受人生也不錯。我純粹以「投資理財」的角度來做小小的反駁，說明買屋比租屋好的理由：

1、買房子的確會牽涉到銀行債務，所以買房子不能隨便買，本書也一再強調「要找專家規畫」。如果沒有做好理財規畫，那擁有房子的確會變成壓力，買屋者就會失去「自由」。然而以理財的角度來看，這種情況其實並不存在，因為房子經過適當規畫，會成為出租物件，或在適當時機賣出。甚至房子在手邊的時間只有三、四年，這麼短的時間，絕不會讓房貸妨礙我們的「自由」。

2、如果以負面的角度來看，的確買房子要背負債務。所謂的債就是一種成本，但租屋就不需要成本嗎？其實租屋和買屋每月都要支付一筆錢，只是當擁有房子時，那筆錢會拓展自己的資產；但當房子是承租時，錢是繳給房東。十年、二十年過去，繳的房貸可以換成屬於自己（並且已經增值）的房屋資產，但繳的租金就是純粹付出，完全收不回來。

3、自由的觀念其實是相對的，就好比一個人想擁有多樣生活也是相對的。如果拿租屋族和一輩子只買一棟房子、繳一輩子貸款的人相比，那麼租屋族似乎是自由的。但當我們改用投資理財的觀念來詮釋，那麼對於一個成功透過房屋理財致富的人來說，租屋族可以做到的，他也都可以做到。

他可以投資三棟房子，一棟在海邊、一棟在山裡、一棟在都市。他三個地方都可以住，同樣享受多樣化，而並且這三棟都是他自己的。相對地，對租屋族來說，講好聽一點是可以自由換房子，但經常的情況其實是：房東要收回房子，然後請房客搬走。

住的安全感不一樣，多樣化的樂趣也絕對不同。

4、最後，租屋族的終極缺點，就是老年的問題。人人都會變老。所謂「養兒防老」這句話，現代已經比較不適用，多半還是要靠自己。

一個年輕時就懂得投資理財致富的人，第一，他到中、老年時，手中會有較多的財富，讓他過安穩的退休生活；第二，他在投資的諸多房子中，一定也可以選一棟做為自己老年安養的所在。而這兩個條件對租屋族來說，都是遙不可及的。

有人說，因為租屋省下買屋自備款，每月可以多存點錢養老。實際上，若沒有透過正確的理財，這種靠每月「省下來」的錢，絕不足以讓自己擁有富足的晚年。

除了以上所列，你還有什麼藉口讓自己不買房子？或者不讓自己變得有錢呢？我們的資源有限，時間有限，就讓我們把時間用在讓自己可以「積極創富」的地方，改變現在的想法，就可改變你將來的命運。

## 當碰到不懂的事物，你要讓自己害怕逃避？還是提升自己進階到新的境界？

以學習成長的角度來說，世上有三種人：

第一種：先知先覺者。他們可能本身是不同領域的專家，勇於嘗試突破新事物，他們往往站在「發現」的最尖端，或者根本就是自己「創造」及「定義」新的事物。這些人身為冒險家、創業家，往往最後能夠成為大富豪。想想我們印象中喊得出名字的企業家，以及那些人人耳熟能詳的富豪，是不是許多都是這樣的人呢？

第二種：後知後覺者。也就是別人先知道後，你才跟著知道。這沒什麼好丟臉的，絕大部分人都是後知後覺者，大部分人都是先看了報紙，才知道流行什麼；先由導師指引，才學會一個新事物。知道得晚沒關係，只要能夠「覺」，還是可以跟著分享資訊、應用資訊，進而得到資訊帶來的好處，變成有錢人。

第三種：不知不覺者。每天習慣於舊有生活，不想改變，認為維持現狀就好的人，或者就算是知道新資訊，也都採取存疑誤解或選擇逃避。這樣的人，就算有人把寶庫的鑰匙拿到他面前，他往往也只能看著寶庫，然後在遲疑蹉跎中，終究不敢進去。

其實人人都可能是某個領域的先知先覺者，但同時是其他領域的後知後覺者。例如你可能是寫程式的專家，對於各種智慧型手機的資訊，總是走在潮流訊息最尖端；或者你是流行情報專家，總是知曉這一季最新的服裝款式、髮型及化妝趨勢。

但對於每個人來說，如同我們先前一直強調的：「賺大錢」才是共通最重要的事，唯有理財致富，才能成就每個人在不同領域不同的夢想願望。

所以，每個人必須讓自己保持在資訊尖端的，應該是投資理財資訊。

以投資房地產來說，這是個一方面在觀念上需要建立正確認知，另一方面，在實務上也需要搭配重重專門

知識技能的領域。

　　觀念的部分，人人都應該正確學習，建立基礎的了解；專門技能的部分，例如如何貸款、如何找到最佳物件、如何把房子有效出租等等，則可以委託專家代勞。

　　但許多人往往被專門技術的部分困惑，因不懂而感到害怕、不敢嘗試，當碰到疑問時又習慣去問「非專家」，於是得到錯誤的結論，進而讓自己變成理財領域的「不知不覺者」。

　　其實我們碰到任何知識都一樣，任何知識一定分成很多層面，有可以理解的基本觀念，以及進階的各種實務。聰明的人懂得去 Catch 基本觀念，然後不讓自己陷入繁複的技術泥沼。

　　例如我們可以知道現在太空拓展的進度，NASA 航行者號已經飛出太陽系朝無垠宇宙前進；我們可以知道，鴻夏戀已經成局，鴻海的高度精密機械技術將結合夏普的液晶技術。但我們不必是太空專家，也沒有一定要成為產業分析師，我們還是可以知道不同領域的趨勢，不必因為不了解，而自我設限自己就是某個領域的門外漢。

　　對於投資房地產領域來說，也是同樣道理。我們將投資分成兩個部分，第一個部分是基本觀念，第二個部分是實務領域。

　　基本觀念就是：「只要正確投資房地產，人人都可以理財致富。」其重點觀念再次整理如下：

**一、你不必一定要自備許多資金，才能買房子；**

**二、買房子是一種投資，不必一定要以自住的標準要求百分百滿意；**

**三、房子可以兩三年、四五年後增值，也可以每個月持續為你帶來收益；**

**四、只要在正確時間、地點投資，其帶來的收益絕對比辛勤上班工作帶來的報酬要高。**

　　以上是四個基本觀念，只要抓住這些基本觀念，並且搭配專家的意見，就可以讓自己成為成功致富的「後知後覺」者。

　　從 2016 年起，有兩個和房子相關的訊息，讓許多對房地產似懂非懂的人，保持著採取觀望、不敢進場的

態度。

第一個訊息是有關房地產不景氣的消息，以及許多房仲產業歇業的新聞；第二個訊息是房地合一稅。

其實前者只是不同年代發生的「現象」，後者更只是「制式的規定」。

所謂現象，就好比同樣一條熱鬧的美食街，有的店經營得很好，但有的店卻因經營不善而倒閉。但現象不妨礙本質，房地產投資仍可以是致富的管道，重點只是必須要得到專家輔導。也許每年會有不同房仲公司興起又衰落，但除非你想投身房仲產業，否則做為一個「個人投資理財者」，要關心的還是基本的投資觀念，也就是我們前面講的四點。

至於房地合一稅，我個人覺得這是很公平合理的稅。

在此我們不要被那些稅務專有名詞所困擾，有的人一聽到課稅，內心就產生負面印象。其實不談複雜的學術用語，只談基本生活應用，那麼「房地合一稅」基本觀念就跟「綜合所得稅」一樣。也就是說，你賺了多少錢，就課你多少稅。

　　只是政府不鼓勵炒短線的房屋交易，因此若在買屋後第一年及第二年做房屋交易，會被課比較高的稅。但到了第三年後，就只課 20%。

　　雖然只課 20% 的稅，但許多人卻因這個數字就對投資房子退避三舍了，他們心想：「什麼！要被課掉五分之一的報酬，扣太多錢了，我不想要投資了！」

　　這就是典型的「因噎廢食」。

　　我們不要只看到「被扣很多錢」這件事，要知道，我們一定「先賺很多錢」，才有錢被政府扣。你是想當一個賺好幾百萬、然後拿幾十萬給政府的富翁，還是只想當一個一毛錢都不用給政府課稅的平凡人？

　　這是個基本的算式，一個報酬是數百萬，一個是 0 報酬（因此也 0 課稅）。明明道理很簡單，但許多人還是執著於「被課很多稅」這件事。


　　提到房地合一稅，我必須再次強調，課稅只針對「淨獲利」的部分。

· 如果原本房子買 500 萬，後來以 600 萬賣出，因為

淨賺 100 萬，會被課稅；

· 如果原本房子買 500 萬，後來也是以 500 萬賣出，
沒賺到錢，也不會被課稅。

獲利的計算還要扣掉成本，如果原本房子買 500 萬，
加上裝潢費以及仲介費等等，又花了 50 萬，後來房子
以 600 萬賣出，那課稅的計算，是以 600 萬減掉 550 萬
來計算（相關證明單據都要準備好）。

我鼓勵大家看問題要看「基本觀念」，不要被複雜
的專有名詞所困惑。只要願意突破這些內心質疑的障礙，
就可以進入投資理財的世界。

改變腦袋的第 107 個思維

# 你是要「努力的」賺錢？
# 還是要「聰明的」賺錢？

　　和大家聊一個簡單的算式。當我們計算一個人「一天的收入」，基本算法是這樣的：

> ## 每小時工資 X 時間＝每日收入

　　以這個前提來看，一個人要增加每日收入的方法只有兩個，第一是增加工作時間，第二是增加每小時工資。

　　聰明人的作法會選擇增加每小時工資，一般人的作法則是增加工作時間。

　　華人長久以來的觀念，總是強調「勤能補拙」、「任勞任怨」，這其實沒有不對，但這樣的觀念對理財者來說並不適合。因為一味強調「勤」、強調「努力」價值，往往同時間又將聰明做事的人掛上「投機取巧」的負面

標籤，這就是錯誤教育了。

在時間有限的情況下，想賺最多錢的方法，一定是提升每小時的工作價值，讓自己花同樣的時間，可以得到最大的回報。

回到前面問題，如果我們問有錢人，他們對於「每小時工資 X 時間＝每日收入」這個公式的看法。答案不是增加每小時工資，也不是增加工作時間，那些答案是他們鼓勵「員工」的說法。至於他們自己的作法是什麼呢？**是推翻這個公式！**

**這就是有錢人的思維！**

**他們的賺錢的定義，不是用「時間乘以工資」的概念，而是用「時機乘以報酬率」的概念。**

報酬率和工資有什麼不同？不都是一種報酬嗎？

報酬率和工資最大的不同，是「賺錢的工具」不同。

工資的賺錢工具只有一個：那就是你「這個人」，包括你的青春、你的健康，你的所有時間成本。也就是

當你把自己的時間賣出去後，犧牲原本可以休閒、旅行、陪家人談天以及學習進修的時間，才能換得所謂的工資。這裡的工資，包含上班族領的薪水、SOHO族領的專案費、計程車一日收入、開店老闆當日營業額等等。

有錢人的賺錢公式是：

## 原始資金Ｘ報酬模式＝更多資金

有錢人也重視時間，但不是以每日收入多少、每年收入多少來計算。也許做為一個公司經營者，他們必須準備年度報表給股東看，那上頭的報酬計算是以年來計算。但在現實生活中，有錢人看待的，是每筆錢創造的「價值」。

好比說，有錢人擁有兩棟房子，他會計算，當初甲屋以500萬購置，經過這些年地方繁榮、捷運興建，現在整個房屋已經價值2,000萬了；乙屋位在工業區附近，雖然漲幅沒那麼大，但隨著城市人口增加，同樣也屋價上漲，並且這些年透過優良承租條件，已創造超過200

萬的產業出租額外獲益。

　　當我們有機會去公眾場合，看到不同人群聚會，聽聽一般上班族的對話，以及有錢人聚餐的對話，聊天的內容就有很大的差距。這並不是說有錢人比較會吃喝玩樂，聊的內容比較「高檔」，專就理財來說，有錢人談理財和上班族談理財，會是兩種不同境界。

　　有錢人絕不會談今天多賺了 1,000 元，下月老闆給我加薪 2,000 元這樣的話題。就好像高中生和幼稚園學生，前者談天會聊的話題，絕不會像幼稚園學生談「我媽媽今天給我吃什麼糖果」、「鄰居小哥哥昨天罵我」這樣的事。

　　學習像有錢人般的思維。
　　我們要改變思考金錢的腦袋。

### 原始資金 X 報酬模式＝更多資金

這個公式最重要的一句話就是「報酬模式」。

股票是一種模式，但有漲有跌；投資基金也是種模

式，也是有漲有跌；另外創業又是另一種模式，同樣也是有人成功有人失敗。

這裡重點不是告訴你什麼投資工具最好，而是心中時時要有**報酬率的概念**。

一個懂得善用複利概念的人，可以在理財領域取得絕對的領先。

道理很簡單，和非複利相比，一個是死薪水、死收入，一個卻是「錢會自己動」。

以數學公式來看：

$$F = P(1 + r)^n$$

F是報酬率最終值，P是本金，n是期數，r是報酬率。可以看到這裡的n，不是乘法的概念。好比說上班族的薪水，就是乘法概念，一個月薪水 30,000 元，一年薪水的就是 30,000x12=360,000。

但複利的公式卻是平方的概念，因此假定一個人每月固定存入 20,000 元，滾進複利系統，跟另一個人每月

固定把薪水只做銀行定存，十年下來就已經有很大的差距，二十年下來，更是明顯的富翁與平凡人的對比。

下圖便是透過複利，原本的 100 萬在二十年下來可以成長多少的範例。

### ■ 100 萬經過 20 年投資，每年投報率 20%

| 投入 100 萬 | 累計本金 | 年獲利（20%） | 當年度本利合計 |
|---|---|---|---|
| 第一年 | 100 萬 | 20 萬 | 120 萬 |
| 第二年 | 120 萬 | 24 萬 | 144 萬 |
| 第三年 | 144 萬 | 29 萬 | 173 萬 |
| 第四年 | 173 萬 | 35 萬 | 207 萬 |
| 第五年 | 207 萬 | 41 萬 | 249 萬 |
| 第六年 | 249 萬 | 50 萬 | 299 萬 |
| 第七年 | 299 萬 | 60 萬 | 358 萬 |
| 第八年 | 358 萬 | 72 萬 | 430 萬 |
| 第九年 | 430 萬 | 86 萬 | 516 萬 |
| 第十年 | 516 萬 | 103 萬 | 619 萬 |
| 第十一年 | 619 萬 | 124 萬 | 743 萬 |
| 第十二年 | 743 萬 | 149 萬 | 892 萬 |

| 投入 100 萬 | 累計本金 | 年獲利<br>（20%） | 當年度<br>本利合計 |
|---|---|---|---|
| 第十三年 | 892 萬 | 178 萬 | 1,070 萬 |
| 第十四年 | 1,070 萬 | 214 萬 | 1,284 萬 |
| 第十五年 | 1,284 萬 | 257 萬 | 1,541 萬 |
| 第十六年 | 1,541 萬 | 308 萬 | 1,849 萬 |
| 第十七年 | 1,849 萬 | 370 萬 | 2,219 萬 |
| 第十八年 | 2,219 萬 | 444 萬 | 2,662 萬 |
| 第十九年 | 2,662 萬 | 532 萬 | 3,195 萬 |
| 第二十年 | 3,195 萬 | 639 萬 | 3,834 萬 |

　　一個勤勞賺錢、二十年全勤、能夠把工作做好的模範勞工，其二十年總收入可能還遠遠比不上一個只花五年投資理財、卻能夠透過複利系統投資理財的人。


　　五年真的能夠創造數百萬、甚至千萬的報酬嗎？

　　這是可以做到的，只要透過正確的房屋理財，絕對可以打造複利的效果。在本書第三章也會以實際案例，分享幾個短期內創造百萬、千萬報酬的案例。

辛苦的現代人，我們要努力工作，主要目的是為社會做貢獻。但更要聰明理財，主要目的則是讓我們完成夢想，帶來幸福人生。

改變腦袋的第 108 個思維

# 每一個小小的事件都是我們的助力？
# 還是只是不相干的生活插曲？

　　小和大是相對的。

　　有句成語叫做「積沙成塔」，每一粒沙子都是小小的，小到任何人都懶得去計較，但是沙子集合起來的力量卻很大。

　　經常我們發現，平常人對於日常瑣事會斤斤計較，反倒對於日常資產卻又太過輕忽。似乎他們覺得那些日常瑣事是生活中的「大事」，而對於一些零碎的小錢覺得沒什麼用，通常都決定花掉。

　　有錢人則是相反，以理財角度來說，他們對於日常瑣事沒那麼看重，卻很重視每個資產可以帶來的貢獻。

　　日常生活中我們最常聽見的「斤斤計較」是什麼呢？這種斤斤計較如此的頻繁，竟然已經被當成是一種「美德」了。

包括老一輩的父母常會告訴孩子們要「省吃儉用」，也許吃頓飯，今天節儉點，以減肥為藉口少吃一餐，其實也只不過省了 100 元。或者一件外套都已經穿到破洞了仍捨不得丟，但有因此省很多嗎？再買一件外套，頂多幾百元到一、兩千元。

　　但反倒這些生活中的「小省小儉」帶給他們錯誤的認知，覺得自己平常很省，因此「偶爾」奢侈一下並不為過。於是，當月底老闆多給 2,000 元獎金，或者這月額外有個 5,000 元外快，他們會將這筆錢拿來做什麼？多半就拿來「犒賞自己」。

　　於是形成一種很奇怪的生活型態，平日有時節儉到很誇張的地步，但月底又一下子太過奢侈把多餘的錢都花光。到頭來，省吃儉用也沒能讓一個人變成有錢人。


**我要再次鄭重呼籲！**

**要變成有錢人，靠省吃儉用不是正確的方法，**

**要變有錢人，一定要懂得將錢活用。**

　　有朋友問我,很多名人傳記都會在書中描述,這些大企業家他們平時「省吃儉用」,終於打造一片企業江山。例如王永慶年輕時就是省吃儉用,才能累積資本創業嗎?

　　其實創業和理財是兩件事,許多人把這兩件事搞混了,因為在他們心目中,只有創業當老闆,才能變成有錢人。

　　**創業和理財絕對是兩碼子事,有的人創業成功,但不懂理財,後來一樣財產付諸東流**。但許多人不是創業家,他們可能本身還是個上班族,但透過聰明理財,一樣可以變成有錢人。

　　勤儉致富對創業者是重要的,但重點不在「省錢」,而是在培養意志力。對於一個企業家來說,他們也藉由自己省吃儉用的故事,告訴所屬員工要刻苦耐勞,這其實是一種企業內部教育方式。至於這些企業家他們自己真正透過理財讓錢滾錢的事,他們反倒不會在傳記裡提起,以免讓員工染上好逸惡勞的習性。試想,如果一個企業的員工們都把時間、精力拿去做投資理財,而不是

專心上班，那對老闆當然不是好事，也因此老闆們總要鼓吹勤儉致富。

實務上，真的要成為有錢人，還是要從基本觀念改變做起。

不要小看身邊的任何「小事」，今天起，要用有錢人的腦袋思考，以下兩件「小事」，一定要記牢：

## 一、沒有所謂的小錢，任何錢只要滾入複利系統，都可以變成大錢！

我鼓勵大家，生活雖然不要浪費，但也不必做到省吃儉用。

與其把錢省下來放進撲滿不做任何用途，最後被通貨膨脹吃掉，還不如把錢做一定的投資。你可以把錢投資在學習，增長智慧，增長自己的理財能力；也可以把錢投資在社交，多結交人脈，增加自己的商機。最糟糕的作法，是自以為省了 10 元、20 元，但其實真正損失的是機會成本，幾百、幾千甚至幾萬元。

曾經有個母親，孩子身體不舒服，她覺得只是小病，捨不得花醫藥費。結果後來病情加重，最後不得不送醫

院時，那時已經需要長期治療，醫療費用是原本的十倍以上。

錢要用在對的地方，而評估的關鍵就在於這筆錢：

**本金將來可以變成多少報酬？**

現代年輕人喜歡買車，但並不是基於實際工作需要，事實上，每天搭公車上下班就能達成交通任務了。但為了拉風，他們花大錢買車，每月背負貸款，並且還有許多龐雜的汽車維護成本。

如果一開始先把錢投入理財機制，讓錢滾錢，結果就會不一樣。

某甲將 10 萬元做為買車頭款，五年後為了繳貸款及雜支，存款帳戶沒有增加；

某乙將 10 萬元投入做為購屋基金，透過適當理財，五年後房子獲利了結賣出，他淨賺了 200 萬，可以用現金買下比某甲還好的房車，還剩下 100 多萬存款。

你們說，要將錢怎樣應用才是最佳選擇呢？

## 二、要掌握每日的思維信念，他們都影響未來的 獲利。

另一個由小累積到大的影響力，是我們的觀念。

有一位外國知名的理財大師告訴我，我們每擁抱一個正面想法，未來戶頭就會增加 1 萬元；相反地，若每天投入一個負面思惟，未來戶頭就會減少 1 萬元。

如果有一個人每天都是正面想法，另一個人每天都是個負面想法，那麼一正一負，一個月下來，未來兩個人的「生命能量戶頭」正負各 30 萬累加，就差了 60 萬，一年下來就差了 720 萬。

或許有人覺得這個想法很不科學，但其實仔細去想，這個想法有一定的邏輯性。當我們想法正面，就會積極去做有助於自己成功的事，並且一環扣一環，其影響後續的包括與人交流以及吸引正面的商機，最終的結果，的確讓自己更有機會成為有錢人。

相對地，一個人每天心存負面，碰到好的理財觀念，第一件事就是去質疑：「投資房地產好嗎？你是想騙我的錢吧！」每天都是抱著這樣心態面對事情，那就算有

好的機會也會被他擋在門外。一年下來、兩年下來，當正面思維的人財富不斷累積，心存負面的人還處在質疑的狀態。

曾經有兩個人，我在同樣時間跟他們分享同樣的理財致富觀念，一個人用正面心態去接受、去肯定、去落實，另一個人卻是採取排拒態度。五年後一個已經是千萬富翁，另一個呢？變成仇富者加失敗者，他開始不斷批評有錢人「為富不仁」、「做事投機取巧」。

這類的事，是不是你在日常生活中似曾相識呢？

累積小能量，創造大財富。從今天起，讓自己用正面思考，善用每筆小筆，創造財富。

# 你要當個胸中擁有千萬想法的述說者？
# 還是做個「一槍中的」的執行者？

投入房屋理財及理財教育這麼多年來，我非常強調一件事，也是所有成功者最關鍵的一個步驟：就是「落實去做」。

我本身從事實務經驗出身，曾經負債超過千萬，最後靠著正確的房屋投資理財，讓我不但還清所有債務，並且我的身價又再次超過一億。用自身做例子，可以讓人信服，我不是只是個夸夸而談的人，相反地，我是先「以身作則」後，再用實例來分享我的經驗。

相對於時下許多的專業講師，包括各種理財達人、投資專家、創投名嘴，只愛說，不見得會做。我選擇用務實的角度來呈現我的理念，其中最重要的一步，就是這個「做」字。

這世界能夠越來越蓬勃發展，不是因為很多人在說，

而是因為很多人在做。

我在上一本書曾經許下承諾，我要透過演講幫助更多人學會理財，在我出書那一年，我還只是個演講生手，原本個性比較木訥，上臺對著眾人講話並非我的強項，但我發覺既然唯有透過演講這種方式才能讓我幫助更多人，拓展正面影響力，那我就選擇去做。

2014 年底我剛準備出書時，那時我的演講事業才剛開始起步，而今我第一本書出版一年半後，我已經在全省巡迴超過兩百場，具體影響了四百位學員，他們跟著我學房地產投資理財，如今大部分人都在耐心的等待「捷運動工」將帶來的獲利。

回想我自己的人生，也是經過許多的錯誤嘗試，當時沒人告訴我理財的重要，讓我多走一些冤枉路。

記得在 29 歲進入房地產的時候，為了激勵自己想快速成功，就去參加了業務成功學相關的課程。學習確實是一件很重要的事，當時透過一些專業課程，開啟了潛在智慧，改變了舊有思維，之後當房仲的每個月收入都有 15 到 20 萬，這對一個剛入行的新人來說算是相當

不錯的了。

　　這樣的收入一直維持了將近兩年，有一天我突然發現，我賺的錢還算多，但是身邊居然沒有存到什麼錢（因為家庭開銷占了一半，業務員本身對客戶及廣告的花費也不少），我在想，這樣子我一輩子應該沒什麼成功賺大錢的機會了。但是後來我仔細觀察身邊的有錢人，絕大部分的人除了本身努力正常工作之外，還會來跟我買房投資，而且房子賺錢的速度還比他們賺錢的速度更快，所以我專心的研究「投資學」，並且實際的操作。

　　後來我理出一個邏輯，90% 的白領上班族，如果沒有學會投資理財，想要靠著努力工作就想成為億萬富翁，幾乎是不可能的事。

　　從事房地產業已十一個年頭，在這期間我學會了如何快速的銷售房屋、如何找出低價的房子、如何貸到高額房貸、如何培養優秀的投資團隊、如何判斷房地產漲跌的關鍵……等專業知識。在 2008 年金融風暴來襲時，市場上的自住客都不敢買房，就連投資客也不敢進場投資，經過我個人的專業判斷，我認為房價一、兩年後會

回到正常的軌道，所以我買進了很多物件，因為我認為「翻身只有一次機會，我一定要用盡全力」。2010 到 2011 年，果然不出我所料，房價續漲。靠著膽大心細的投資原則，我翻身了，也賺了很多錢。

2011 年 6 月奢侈稅政策來襲，市場上的自住客又都不敢買房，投資客還是不敢進場，再次經過我專業推斷後，我又持續買進了市場大量物件，2013 年我靠著房產投資，持續讓身價突破億萬。

2014 年 6 月政府房地合一稅來襲，市場上的自住客再度觀望不敢買房，此次投資客依舊縮手不敢進場，照我專業投資經驗認為，房價在 2017 年後一樣會回到正常的軌道（但是要以有重大建設的區域為主，目前桃園還有捷運線加持），所以我繼續在桃園買進更多的物件。

因為翻身只有一次機會，所有想一起賺錢的朋友，您一定要用盡全力，我更相信 2017 年，我們還是會因為投資房地產賺了很多錢。

成功＝不斷的學習＋不斷的練習＋不斷的行動

我從實際教學分享中發現，竟然有 30% 的人不喜歡學習。更讓我驚訝的是：

30% 的人，學了卻不練習；

30% 的人，學習了也練習了，卻不真正行動。

只有 10% 的人，最後得到了大成功了！因為他做到了這個公式：

不斷的學習＋不斷的練習＋不斷的行動……

其實人各有志，對於那 30% 不喜歡學習的人，我也不會強求。

有人清心寡慾，有人嚮往另一片自由藍天，有人就是不愛學習，那是他們的自由。

但對於那些都已經開始在學習了，最後卻選擇只將學習的過程當作是「人生體驗」，不打算學以致用，也不會因學習而對他們人生產生正面的幫助的人，這就真的讓人覺得非常可惜。與其如此，那還不如一開始就把

錢拿去吃喝玩樂，反正既然你不想追求致富人生，那也不需要多花時間來學自己不喜歡的學問。

但我相信大部分讀者還是有心想要改變人生，想要讓自己成為有錢人的。只不過，在「學」和「做」之間，會有條「心理」上的鴻溝，不易跨越。

在此，我分享我的行動五步驟，希望每個人，都能學以致用。賺大錢之前應該需要做到的五件事：

## 一、學習

如果你不知道如何賺大錢，那你一定要跟會賺大錢的人學習，懂得方法很重要。

## 二、專注

學到之後要專注地去研究，變成專業中的專業，要比你的老師更專業。

## 三、拿出勇氣實際行動

太多人都是學到之後卻不行動的人，不累積經驗要

如何成為專家呢？現在就去做吧！

## 四、量大絕對是賺大錢的關鍵

一旦確認這件事可以賺到大錢了，那就瘋狂地往前衝吧！再想什麼「可是」、「但是」……，都只是在浪費時間。

## 五、對的事不斷重複，那你的資金也會不斷累積

行動的結果，將帶給致富的事實。

第二章

**架對軌道，**
**立刻買到好房子**

賺錢的方法不一樣。

有的人靠雙手賺錢，勤勞致富，辛苦耕耘；有的人靠一張嘴賺錢，介紹產品，傳達正面訊息；有的人靠一雙腿賺錢，清晨就出門，走到夜晚才拖著疲憊的身體回家。

這些都沒有不對，我尊敬用心工作、勤懇努力的人，我很榮幸身邊有很多這樣的朋友，是他們的付出，提升國家的GDP，改善每個人的生活。

雙手雖萬能，但人一天只有二十四小時，若從早做到晚，一生能賺多少錢？

口才好的人雖可創造影響力、打造高業績，但人總要休息，不說話的時候，沒聽眾就沒收入；雙腿可以走遍世界，甚至連結出一條條貿易線，可是東奔西忙的人生，很容易讓你錯過什麼，例如孩子的教育、夫妻的感情，以及原本可以體驗的人生樂趣。

所有依靠人力的勤奮價值，都仍值得鼓勵，但聰明的人，只把人力奮鬥當成人生體驗，在他的後頭，絕對要有一個更有效率的賺錢機制。

這個賺錢機制，可以是不同的投資方式，但我以自身曾經由負債上千萬、到如今負債還清並擁有億萬資產的經歷，鄭重推薦最佳的投資工具：

**人人都可以擁有自己的房子，房子是你翻身致富的契機！**

關於買屋，你應該有的正確思維 NO.1

# 誰說借錢是壞事？越是富翁越懂得借錢

　　我常說，學習是一件好事。我也同意，教育機制從小就應該讓孩子學會基本倫理，懂得四書五經的基本道德觀念。畢竟人的心若不正，不論他多聰明或將來能賺多少錢，都只會帶給社會更負面的影響。

　　但我卻絕對反對「食古不化」的種種道德束縛。一般人最常見的道德束縛，尤其老一輩的人愛說的「寧可自己辛苦一點，也不要去欠別人的。」這種觀念可以造就一個老實平凡人，但絕對不能造就一個有錢人。

　　如何透過買屋做到投資理財，第一個我要請大家牢記的最重要觀念：

　　**正確的負債，是致富不可或缺的祕訣！**

　　這件事實在太重要了。許多人的人生有所侷限，追

根究柢，就是困在錯誤的「負債」觀念上。

## 一、有錢人不借錢嗎？

錯！越有錢的人可能借的越多。

一個人就算家財萬貫，但要成就更大的事業，資金往往還是不夠。不要說「有多少錢做多少事」，成就大事業大格局的人，一定是「創造更大的夢想，然後找來更多錢來成就夢想」。更多錢怎麼來？主要就是「借」來的。

## 二、銀行討厭負債的人嗎？

錯！若大家都不負債，那銀行就倒了。

銀行存在的目的是什麼？就是借錢賺取利息。如果大家只把銀行當保險箱，從不借錢，並且還要支領存款利息，那銀行這產業絕對活不下去。一個刷卡總是按月全額繳清，跟一個每月只繳最低應繳金額的人，哪一個銀行最愛？當然是後者銀行最愛。

### 三、欠債的人社會地位低落，抬不起頭？

錯！欠「錯」債的人才會有負面的人生。

什麼叫欠錯債？分兩種情況，第一種情況是借錢的目的不對，第二種情況是借錢的模式不對。所謂「目的」不對，好比借錢是為了去買奢侈品或者想賭博翻本，這就是目的不對。這世上任何事都一樣，目的錯了，事就錯了。所謂模式不對，好比說跟地下錢莊借錢，或者用信用卡預借現金，任何高額度的利率，甚至已經根本就是非法斂財的情況，這樣的借錢，就是欠「錯」債。欠錯債的人，人生就會是黑白的。

### 四、所以，我們鼓勵大家多多負債嗎？

錯！我們鼓勵聰明負債，創造金錢的價值。

借錢只是過程，目的是創造更高的收益。所以借錢這件事不是目的，也絕非只借不還，借錢絕對不會牽涉到負面的道德問題，我們借錢的基本原則：「有欠有還」，這個原則絕不動搖。在這樣的前提下，我們要勇敢借錢，但這裡再次強調，目的錯了，事就錯了。

借錢的前提與規畫是怎樣的呢？有以下基本的注意事項：

首先，借的每筆錢要有一定的目的，這個目的一定要比借的金額「更有價值」。

這裡不談什麼革命理念或慈善公益這類的大事，推動理念要靠募款，慈善公益更是需要大眾資金，不該借錢從事。真正借錢要做什麼呢？其實公式很簡單：

**借錢金額Ｘ時間Ｘ利率＜投資金額Ｘ報酬率／時間**

舉例：房貸 100 萬，貸款 1 年，利率 2.2%；投資金額 100 萬，報酬率 15%，時間 1 年。借款 100 萬，一年的銀行利息為 2.2 萬，投資一年可賺 15 萬，這樣就代表可以聰明的借這筆錢。

只要能夠符合這個公式，就絕對可以借錢。

相反地，只要不符合這個公式，就絕對不能借錢。

舉幾個生活中常見的例子吧！

## 一、為什麼不鼓勵透過信用卡借錢

因為以公式來計算：

「借錢的金額 X 時間 X 10 ～ 15% 的利率」，若要小於公式右邊，那答案就是報酬率一定要高於 15%。若單單只是 15% 還不夠，因為還有手續費以及時間成本，所以至少要達 18% 才夠。

有什麼報酬是可以短時間達到 18% 的呢？請記住，一定要短時間喔！如果一項投資「十年後」才達到 18%，那麼當信用卡預借現金月月利滾利，經過十年，那負債金額可不得了。記得前面曾提過複利的力量嗎？這裡也是用複利，只不過是用在負債增長的速度上，那就可怕多了。

放眼世界所有金融機制，短時間內可以讓一個人賺到 18% 以上的報酬，這樣的機制還真的不多，但也不是沒有，至少我做的房地產投資，其報酬率可以達到甚至超過這個比例。只是一般人會預借現金多半是為了急用，或者拿來預先消費而非用在投資上。這種借貸並不可取。

同理，任何借貸的工具，若利率很高，都不適合用

在投資理財。包括最誇張的地下錢莊借貸，也包括大部分的信貸以及各種民間借貸。

在所有借貸中，條件最好的利率，就只有房貸。

**因此聰明的理財人，當還款時一定把房貸放在最後的順位。**就算手中有現金，也先不要拿去繳清房貸。因為這筆錢，絕對可以在其他投資管道，創造出比原本房貸利率所損失的部分，高出很多的金額。

## 二、用房貸的資金，拿來做更多的投資

房貸的利率是多少呢？以目前來說，約是 1.8% ～ 2.2%，這絕對是目前金融市場上可以找到的最低利率了。

透過公式來計算（為保守起見，我把房貸利率設為 2% ～ 3%）：

「借錢的金額 X 時間 X 2 ～ 3% 的利率」若要小於公式右邊，有什麼選擇呢？這選擇可就多了，若以保守估計，扣掉手續費及時間成本，報酬率至少要 5%，那絕對可以找出許多報酬率高於 5% 的選擇。

別的不說，這筆錢若借給一個很信任的朋友，只算他 5% 利息，借 10,000 元一個月只要繳 500 元利息，這也比房貸利息要好。但若論起最安全、投報率又高的項目，絕對還是投資房地產。

投資股票可能報酬率高達 10 ～ 20%，但卻也可能賠更多。投資基金、買期貨也都是一樣。也許買黃金的風險比較低，但仍難保證投報率有 5%。至於拿去定存那就是錯誤示範了，現代的定存利率已經低於房貸利率了。最佳的選擇還是房地產，因為進可攻退可守：

單以低價買入、高價賣出，投資房地產的報酬率，依時間計算，有的高達 30%、40% 以上，若以保守計算，通常也有 10% 以上。就算用最最保守的狀況估算，例如可能因房市不景氣賣價沒那麼好，那麼單靠租金收入，一棟房子也一定可以為持有者帶來每月高於貸款利率的收入。

所以聰明人寧願借錢買房子，也不要急著將手中的錢立刻繳給銀行。

因此我常告訴我的學員，如果想掌握投資機會，那

就要設法去借錢。

所謂借錢，不一定要外求。事實上，當你貸款買房子，這件事不就正是「向銀行借錢」嗎？

我的意思，也許你手中有 200 萬現金，那麼你是要直接把這 200 萬當作頭期款還是做其他規畫？當然是其他規畫。

**切記，可以跟銀行借利率較低的錢，就盡量去借！**

當手中有 200 萬，那最好是用這 200 萬創造自己的銀行信用，將來可借更多錢。

我們來分析一下，如果手中有 200 萬，幾種買屋的應用模式：

1、用手邊的 200 萬繳頭期款，加上貸款 300 萬，買一棟 500 萬的房子，三年後，房子以 600 萬賣掉。

以房貸利率 3% 計算，採用二十年分期、前三年只

繳利息的方案，共需繳交的利息是每月 7,500 元，三年共需繳 27 萬元利息。

這三年期間，房子假定有半年用在裝潢，共花費了 30 萬，之後的兩年半將房子出租，每月租金保守估計收入 10,000 元，兩年半租金加總共 30 萬。

### 這次的投資：

實際成本＝ 200 萬（資金）＋ 30 萬（裝潢）＋ 27 萬（利息），共 257 萬

房屋成本＝ 500 萬（原房價）＋ 30 萬（裝潢）＋ 27 萬（利息），共 557 萬

報酬＝ 600 萬— 557 萬＋ 30 萬（租金）＝ 73 萬

報酬率為 73 萬／ 257 萬＝ 28%，報酬率高達近 30%

就算假定房子都不出租，完全自住，報酬率也還有 16%。

600 萬— 557 萬成本＝ 43 萬

43 萬／ 257 萬＝ 16%

2、假定當時房子全部一次付清，完全不貸款，同樣也是三年後，房子以 600 萬賣掉。

房子有裝潢，也有做出租，兩年半租金收入 30 萬。

**這次的投資：**

成本＝ 500 萬（資金）＋ 30 萬（裝潢）＝ 530 萬

報酬＝ 600 萬＋ 30 萬—530 萬＝ 100 萬

報酬率為 100 萬／ 530 萬＝ 18%

以投資報酬率來說，20% 的報酬率已經算高的，不過全部付清的獲利率，卻遠低於沒有全額付清的情況。

為什麼？因為沒有善用房貸利率低、可以創造價值的好處，也就是說，一次付清的人沒有善用「借錢」的好處。

3、另一個例子，假定我們把這 200 萬分別拿來投資兩
   棟各為 500 萬的房子。


甲棟：100 萬（頭期款）＋ 400 萬（貸款），也是
二十年分期，前三年只繳利息。

乙棟：情況和甲棟一樣，都是付 100 萬頭期款，其
餘都是用 3% 利率貸款。


現在來計算報酬率吧！

甲、乙兩棟房子都是一樣以房貸利率 3% 計算，都
採用二十年分期、前三年只繳利息方案。

貸款 400 萬，每棟需繳交的利息每月是 10,000 元，
一棟三年要繳 36 萬，兩棟加起來共需繳 72 萬。


這三年期間，房子假定也是花半年裝潢，每棟花費
30 萬，共花費 60 萬。之後兩年半出租，每月租金保守
估計 10,000 元，每棟兩年半租金 30 萬，加起來共 60 萬。

第三年，甲、乙兩棟皆以 600 萬賣出，兩棟賣出總金額共 1,200 萬。

**這次的投資：**

實際成本＝200 萬（資金）＋60 萬（裝潢）＋72 萬（利息），共 332 萬

房屋成本＝（500 萬＋30 萬＋36 萬）X2，共 1,132 萬

報酬＝（1200 萬＋60 萬）—1132 萬＝128 萬

報酬率為 128 萬／332 萬＝38%

這就是借錢買房子最大的好處！

當然，最好的情況是不用任何頭期款，只靠銀行借貸就可以買到房子，那報酬率更是高得嚇人。

這樣的情況可能發生嗎？當然可以！只要透過適當的信用評等，加上找到正確的物件，最好是買價遠低於市場估價，那麼是可以不用拿出頭期款就能貸到房子的，彼時的報酬率更是高到令人驚訝！（試想，你幾乎是零成本，但將來房子賣掉你獲得的是數百萬現金，這樣報

酬率怎麼計算?)

　　現在,你還要跟我說:「不欠債是美德」嗎?

　　如果可以,多多鼓勵投資人欠銀行錢吧!用低率的借貸,來投資高額的報酬,才是有錢人的理財方式。

# 要成為千萬富翁，要先找到 20% 以上的投資標的

從小，父母及長輩都會跟我們說：「做個上進的青年，努力工作很重要。」

這句話並沒有錯，但這句話只交代了人生事的一半，更重要的一半卻忘了講了。更重要的那一半就是：懂得投資更重要。整句完整的話就是：

努力工作很重要，
但是學會投資，比努力工作還要更重要！

我努力工作嗎？我從年輕時代就努力打拚，曾經不眠不休的工作，也以實際成績證明，創造了高業績，那時我的月收入總是高達六位數字。但結果呢？後來我負債千萬元，人生曾經跌到谷底。

這裡我絕不反對努力工作的重要，就算如今我身價上億，我也仍然天天努力工作。

但對於廣大的年輕人族群來說，我真的要呼籲，不要一味拚命工作，請先做投資，等「確認」做好這一塊後，再繼續努力工作。

同樣是努力工作，有做投資跟沒做投資的差別，簡直天差地遠。

甲生，努力工作，兢兢業業奮鬥二十年，年收入從原本每月 3 萬、每年 40 萬，成長到月入 10 萬，每年收入（含年終獎金）約 150 萬。

有一天他身體不適，退出職場，算一算身邊的錢，因為娶妻生子，每年扣掉養家費用，雖然平日省吃儉用，錢也拿去定存，所剩存款竟然只剩大約 100 萬。已經不能工作的他，要靠這 100 萬過未來還有一、二十年的日子，他忽然感到前途一片黑暗。

乙生，同樣努力工作。但他在 2008 年就跟著我一

起投資，至今已賣出十間房子，目前還保有三間房子在出租，資產超過 2,000 萬。

原本他的收入和甲生是一樣，本職都是從每月 3 萬、每年 40 萬起跳，到後來成長到年收入 150 萬。但離開職場後，他銀行的現金存款已經超過 2,000 萬，同時間，他手中還有三間房子，每間每月可以坐收租金。

同樣努力工作的兩個人，為什麼結果差那麼多？關鍵就在於做對了長輩沒說的「人生的另一半」，除了努力工作，更要懂得投資。

為什麼許多人一輩子辛苦工作，卻不懂得靠適當的投資來賺錢呢？因為他們有以下的迷思：

**迷思 1：**

**天底下哪有那麼好康的事？有錢賺，大家早就都去賺了。**

這是種很普遍的懷疑論。的確，如果那麼好賺，為何大家不來賺呢？原因就在於人人都抱持著這種想法。一方面覺得賺錢不容易，賺大錢更不容易；一方面也覺

得，房地產看來是高不可攀的玩意，所謂「不懂的事就不要去碰」，於是大部分人寧願選擇安於現狀，而不去做投資。

**迷思2：**

**我也知道投資好，但問題是，我不是有錢人啊！這種投資的好事輪不到我。**

這也是一種常見的迷思，這種人經常還帶點憤世嫉俗，甚至帶著仇富的心理。他們的邏輯經常是把這世上切分成兩種人，一種是有錢人，相對的就是沒錢的人。

當他們做這樣切割的時候，往往不知不覺中就把自己畫進「沒錢的人」這一塊。一旦這樣劃分，之後要再翻身就不容易了，因為潛意識裡已經先自我設限了。

我要告訴每個人：投資房地產，不是有錢人才可以做到的事，任何人都可以做到。

**迷思3：**

**投資房地產？我有啊！我現在就是房奴一個，這真的可**

### 以賺錢嗎？

其實在臺灣，擁有房子的人不少，許多家庭都擁有一戶房子（也就是他們自住的那棟），但說實在的，一個人若沒有以投資觀念來看待事情，那麼房子就只是個居住所，就會是一輩子的貸款壓力源。

現在四、五、六年級一代，他們成長的時候經濟正在起飛，所以還比較容易買房子，但到了晚近的世代，買房子似乎已經變成不可能的任務。

針對這種迷思，我要提醒，「目的」決定事的大小。買房子「投資」這件事，是要當成一門學問來投入的。當你能用新的角度看事情，就會發現房子真的可以是好的投資標的。

若你現在已經擁有一棟正在繳貸款的房子，那很好，透過專業諮詢，我們可以教導你正確觀念，讓你從月月繳房貸的「房奴」角色，很快轉型為富裕的「投資者」角色；若你尚未購屋，那更是可以從一開始就讓我們教導你正確的房屋理財。

這裡我們回到本節的主題：如何成為千萬富翁？

如果有任何的投資標的，保證可以符合以下標準的，那也不一定要投資房地產：

成為千萬富翁的方法，基礎三個公式：

一、努力讓自己有第一個 100 萬；

二、以這 100 萬，找一個每年可以獲利 20% 以上的投資標的；

三、持續不斷持續進行投資，持續 20 年。

只要做到這三點，不需要犧牲生活，就「保證」一定可以成為千萬富翁。

有的人做簡單的計算，一年賺 100 萬，持續二十年，就是 2,000 萬。但問題是：

一、要保證每年賺一百萬；

二、這 100 萬都完全不能花用，只能存下來，最後才能成為 2,000 萬。

但我現在的前提是，準備個 100 萬，那 100 萬就成為一個「獨立的存在」，你可以忘掉這件事，讓那 100 萬滾入那個 20% 機制，其他時間你繼續每月工作賺自己的生活費，但完全不用擔心那 100 萬的發展。以這樣的設定，二十年後，那 100 萬就會變成 3,834 萬。

　　這種概念，就是所謂的「被動收入」概念，在不影響你工作的情況下，有個錢滾錢的機制在跑。

　　事實上，不用等二十年，那 100 萬很快就會變成超過 1,000 萬了。這個圖我們在前面介紹複利時曾經展示，在此作為 20% 複利說明，我們再呈現一次。如下圖所示：

### ■ 100 萬經過 20 年投資，每年投報率 20%

| 投入 100 萬 | 累計本金 | 年獲利（20%） | 當年度本利合計 |
|---|---|---|---|
| 第一年 | 100 萬 | 20 萬 | 120 萬 |
| 第二年 | 120 萬 | 24 萬 | 144 萬 |
| 第三年 | 144 萬 | 29 萬 | 173 萬 |
| 第四年 | 173 萬 | 35 萬 | 207 萬 |
| 第五年 | 207 萬 | 41 萬 | 249 萬 |

| 投入 100 萬 | 累計本金 | 年獲利<br>（20%） | 當年度<br>本利合計 |
|---|---|---|---|
| 第六年 | 249 萬 | 50 萬 | 299 萬 |
| 第七年 | 299 萬 | 60 萬 | 358 萬 |
| 第八年 | 358 萬 | 72 萬 | 430 萬 |
| 第九年 | 430 萬 | 86 萬 | 516 萬 |
| 第十年 | 516 萬 | 103 萬 | 619 萬 |
| 第十一年 | 619 萬 | 124 萬 | 743 萬 |
| 第十二年 | 743 萬 | 149 萬 | 892 萬 |
| 第十三年 | 892 萬 | 178 萬 | 1,070 萬 |
| 第十四年 | 1,070 萬 | 214 萬 | 1,284 萬 |
| 第十五年 | 1,284 萬 | 257 萬 | 1,541 萬 |
| 第十六年 | 1,541 萬 | 308 萬 | 1,849 萬 |
| 第十七年 | 1,849 萬 | 370 萬 | 2,219 萬 |
| 第十八年 | 2,219 萬 | 444 萬 | 2,662 萬 |
| 第十九年 | 2,662 萬 | 532 萬 | 3,195 萬 |
| 第二十年 | 3,195 萬 | 639 萬 | 3,834 萬 |

　　如上圖，這是清清楚楚的數學，沒有猜測或僥倖，只要第一年放入本金 100 萬，透過這個機制，二十年後

就真的變成超過 3,000 萬。

> **重點在於：如何找到那 20% 的投資標的？**

放眼現在社會，你見到的有錢人，一定都有個可以創造 20% 以上收益的投資標的。

## 一、像郭台銘、張忠謀等成功企業家

他們的致富關鍵，也是擁有一個獲利超過 20% 的投資標的。這個標的就是他們自己的事業，當一個事業經營有成，可以創造的報酬絕對遠超過 20%。

但當然，在經營事業的同時，這些富豪一定也有他們其他的投資標的。

## 二、現今許多建設公司，他們的總裁都是身價數百億以上的富豪

他們的致富關鍵，許多都是在於土地投資，在臺灣經濟起飛前，他們以低價購買許多的土地，後來土地大

漲，他們也都因為擁地致富。對他們來說，他們同樣擁
有一個獲利超過 20% 的投資標的。

## 三、也有許多富豪，是透過股票發達起來的

那些已經是所謂股市大戶者，因為手中握有的股票
夠多，能夠操作的資源很多。雖然股票有賺有賠，但當
手中資源多時，就可以有更多選擇空間，讓自己賺多賠
少，在這種前提下，他們手中握有的 20% 投資標的，就
是股票。

如果可以掌握以上所述的投資標的，那麼也不一定
要投資房地產。

房地產只是這許多投資標的中的一種。

但仔細分析，郭台銘打造一個強健的企業，讓他自
己成為億萬富翁，但是人人都可以成為郭台銘嗎？這世
上有那麼多企業，又有幾家可以從創業開始，一路成長
茁壯到二十年後仍屹立不搖呢？不說二十年，就算是能
撐到五年以上且年年獲利的企業都已經不多了，所以創
業並不是一個可以「維持二十年」的投資標的。

股票投資，可以年年 20% 成長嗎？這問題很簡單，只要去證券交易所實際問問那些股民，就可以得到真正的（而非媒體傳說的）回應。

　　從他們的答案，再來看是否可以做到年年 20%，持續到二十年。我相信你會聽到的，有大部分人最後反而是賠錢收場，或者頂多不賺不賠，特別是臺灣經濟經歷過這些年不景氣後，股民的損失也很慘重。

　　除非是研究股票成精的專家學者，或資金特別龐大的股市大戶，否則小小股民要以股票作為終身保障，並不是一個好的選擇。

**　　到頭來，我要推薦的還是房地產投資。**

　　要知道，複利的力量是驚人的，以投資房地產來說，不但可以創造 20% 以上的投報率，而且我們可以持續地把賺來的錢繼續投入這個模式，不斷創造新的 20%。

　　當我們只以 100 萬本金來計算，到第二十年時，本金加獲利已經合計超過 3,000 萬。若投入的本金是 300

萬，那更是可以獲利超過上億。如下圖：

### ■ 300 萬經過 20 年投資，每年投報率 20%

| 投入 300 萬 | 累計本金 | 年獲利（20%） | 當年度本利合計 |
|---|---|---|---|
| 第一年 | 300 萬 | 60 萬 | 360 萬 |
| 第二年 | 360 萬 | 72 萬 | 432 萬 |
| 第三年 | 432 萬 | 86 萬 | 518 萬 |
| 第四年 | 518 萬 | 104 萬 | 622 萬 |
| 第五年 | 622 萬 | 124 萬 | 746 萬 |
| 第六年 | 746 萬 | 149 萬 | 896 萬 |
| 第七年 | 896 萬 | 179 萬 | 1,075 萬 |
| 第八年 | 1,075 萬 | 215 萬 | 1,290 萬 |
| 第九年 | 1,290 萬 | 258 萬 | 1,548 萬 |
| 第十年 | 1,548 萬 | 310 萬 | 1,858 萬 |
| 第十一年 | 1,858 萬 | 372 萬 | 2,229 萬 |
| 第十二年 | 2,229 萬 | 446 萬 | 2,675 萬 |
| 第十三年 | 2,675 萬 | 535 萬 | 3,210 萬 |
| 第十四年 | 3,210 萬 | 642 萬 | 3,852 萬 |
| 第十五年 | 3,852 萬 | 770 萬 | 4,622 萬 |
| 第十六年 | 4,622 萬 | 924 萬 | 5,547 萬 |
| 第十七年 | 5,547 萬 | 1,109 萬 | 6,656 萬 |

| 投入 300 萬 | 累計本金 | 年獲利（20%） | 當年度本利合計 |
|---|---|---|---|
| 第十八年 | 6,656 萬 | 1,331 萬 | 7,987 萬 |
| 第十九年 | 7,987 萬 | 1,597 萬 | 9,584 萬 |
| 第二十年 | 9,584 萬 | 1,917 萬 | 11,501 萬 |

　　有人問我，為何幾年內就可以從負債上千萬，反過來變成億萬富翁，答案就在這裡。

　　要成為富翁，投資房地產，就對了。

關於買屋，你應該有的正確思維 NO.3

# 要致富，重點不在金額，在速度

人人都可以成為富翁，事實上，只要時間夠久，理論上人人都可以成為大富翁。只要用最笨的存錢法，就算不靠任何投資理財，一個孩子若從他一出生那年開始，就每個月固定存 10000 元（當然，一開始是父母替他存的），若這個孩子後來活到 100 歲，那到時候他也會成為一個「千萬富翁」。

只是屆時這樣的千萬富翁已經失去意義，100 歲的他已經不能吃好的，可能也沒法動彈，眼睛看不清楚，錢再多也用不上（除了醫藥費及看護費）。

這裡就談到致富的一個重點。如果我們問每個人，人人都想要變富翁，但致富是為了擁有那些「錢」嗎？當然不是，錢只是一疊充滿細菌的紙。

我們都喜歡致富，但其實我們喜歡的不是那些「錢」，而是錢可以帶給我們的「美好生活」。

於是就有這樣的問題：

一、如果理財要犧牲很長一段時間讓自己不快樂，用來換取後來有錢時「短暫的快樂」。請問這樣值得嗎？

二、如果一個人到了 5、60 歲才開始懂得理財，那已經比較晚開始的他，「來得及」理財嗎？

整個來說，賺錢很重要，快速賺錢更重要。

只有快速賺錢，才能用最少的時間成本享受更多的生活好處。

那麼，回到成為千萬富翁的話題。前一節我們提到如何成為千萬富翁，答案是只要投入 100 萬，每年 20% 固定投報率，那不到二十年就可以成為千萬富翁。

但二十年實在太久了，對一個已經 50 歲的人來說，二十年後可能只能把這筆錢用在跑醫院，以及留給子孫當遺產。這對他來說實在太不划算了，他根本沒有享受到財富帶來的快樂。

那到底有沒有更快致富的方法呢？

要更快致富的方法，仍然是應用前面提過的原則，

只不過要增加兩個條件：

一、要提高本金；

二、要增加投報率。


大家都知道，原子彈的威力驚人，二次世界大戰就因為兩顆原子彈結束的。

但愛因斯坦曾說：「複利的威力勝過原子彈。」

上一節曾舉過兩個例子，一個是用 100 萬滾入複利，另一個是用 300 萬滾入複利。由於計算的模式相同，用簡單的數學邏輯就可以算出，當用 300 萬做本金時，其二十年後的本利和應該是用 100 萬當本金時的三倍。

不過當只做為本金時，這三倍代表的只是 200 萬（300－100 ＝ 200）。但到了二十年後，這三倍的差距可是高達 7,667 萬。


$$115,010,000 － 38,340,000 ＝ 76,670,000$$

| 投入資金 | 投資時間 | 年獲率 | 20 年累計本利 |
|---|---|---|---|
| 100 萬 | 20 年 | 20% | 3,834 萬 |
| 300 萬 | 20 年 | 20% | 11,501 萬 |

　　這個例子告訴我們：本金變多，結果會差距非常大。

　　那麼，如果不改變本金，改變的是獲利率呢？如上圖所示，當以 100 萬做本金，在 20% 的投報率下，累積二十年的本利是將近 4,000 萬。

　　如果現在投報率變成 30% 結果又會是如何呢？

　　答案非常驚人，是 19,000 萬。


　　所以如果我們把之前的題目「如何變成千萬富翁」，改成「如何變成億萬富翁」，答案就是這個算式了，準備 100 萬本金，以年報酬率 30% 滾入複利，答案就會造就你這個億萬富翁。

　　問題是，本節的開宗明義就說了，我們要的是「速度」啊！

於是我們就可以來推算，你要如何更快成為富翁，不是增加本金就是提高投報率。

假定你的本金就只有 100 萬，但你想要「五年內」就成為千萬富翁。

怎麼做呢？

依照複利公式，答案就是：如果用 100 萬資金，那你必須要找一個投報率達到 60% 的投資標的，到了第五年底，本利總和就會超過 1,000 萬。

若五年還是太久，有人想要兩年內就變成千萬富翁，那投報率就要非常的大，計算下來，只要年投報率達到 220%，就可以讓一個投資者從自有資金 100 萬賺到 1,000 萬。220% 看起來很驚人，但簡單來說，就獲利率要達到兩倍以上。

這個數字看起來似乎很高，但也不會特別奇怪。例如做生意，有些高獲利的品項，的確獲利就可以超過兩倍。舉最簡單的例子，若一碗冰成本 10 元，賣價 30 元，

就是獲利兩倍（獲利＝ 30 — 10 ＝ 20，獲利率 20（獲利）
／ 10（成本）＝ 2）。在許多有專利的獨占產業，獲利
兩倍以上也很正常。

若不談生意，純談投資，有獲利兩倍以上的嗎？

**有的，就是房地產。**

記得在第一節舉的例子嗎？在這個例子裡，準備資
金 200 萬，分別投資兩棟房子，三年後以 1,200 萬賣出，
扣除掉成本，還有獲利將近 1,000 萬。這個案例獲利率
達 38%，而且這個案例是因為還有向銀行借錢需每月還
利息，不然的話，以兩年的時間就可以達到獲利 1,000
萬的。

因此我們可以說，只要掌握足夠本金，找到對的投
資標的，就可以讓你快速成為富翁。

講到速度，如果不以長期來看，不要把眼光看到
二十年，那麼之前因為「無法年年維持 20% 投報率」而

被淘汰的那些投資項目，是不是又可以找回來評估呢？

的確，有些投資標的，「短期來看」的確會有高投報率，甚至不只高投報，根本就暴利。

好比說，一個人如果在股市最低點時買進股票，到股市飛升到最高點那天出清股票，那他賺的錢是幾倍呢？甚至高達十倍以上都有可能。

在臺灣曾經有個時代，號稱「臺灣錢淹腳目」，那個年代泡沫化危機還沒有來臨，有很多人是靠股票致富的。許多人班也不好好上，整天盯著股市看板作夢，誕生了一大堆新貴，還因為財富提升但本身素養沒提升，而鬧出許多笑話。

如果一個人能夠「準確地」在最低點進場、最高點出場，那絕對可以做到投報率超過200%，在兩年內就由100萬變身為千萬富翁。

問題就出在「準確」。如果大家都可以準確，後來也就不會在金融泡沫來臨時，許多人一夕間資產化為垃圾，昨日還是豪宅名車都市新貴，今日一貧如洗，自殺跳樓事件頻傳。

至於期貨，那更不用說，不要說兩年，有人甚至兩天就可以獲利超過兩倍以上。但這樣的遊戲你敢玩嗎？

　　當玩股票時，心情就已經像坐雲霄飛車般起起伏伏；當玩期貨時，更是整個人失了魂，六親不認。這樣的理財方式，健康嗎？

　　如果賺錢只為了得到帳面上的虛榮，卻失去實際的生活，包括健康、家庭乃至於自己整個人生都賠上了，這絕不是賺錢這件事所要付出的代價。


　　最終，房地產仍是可以快速致富的選擇：

# 一、正確的房地產投資雖有風險，但風險仍在可評估範圍內

　　當我們看股票，可以今天跌 10 點，明天漲 10 元，後天又跌 20 元。

　　但房地產絕不會有這種情形，房地產不會今天市場行情 500 萬，明天暴升到 600 萬，後天又跌到 500 萬，不會有這種情況發生。

　　相反地，房地產的變化都是有跡可循，過程也循序

漸進的。一處位在好地段的房產，會隨著當地的日漸繁榮，帶動房價緩步上升，但說緩步，若以兩年為單位來看，又可說是變化很大的。

這種變化，以投資者來說，可以帶來高獲利；但以投資的心情來說，又絕不會像股票一樣，會讓心情起起落落。

## 二、正確的房地產投資，會有許多專家為您把關

房地產是一門投資學，但不該是門投機學，更不會像賭博一樣必須看運氣。

房地產會讓你賺大錢，但每分每毫的漲價，都有明確的邏輯道理可循。房地產植基於市場需求，人們永遠有購屋需求，在一個成長的都市，因應增長的人口，就一定有龐大的房屋需求，包括購屋需求及租屋需求，每個需求都會帶給房地產投資者很多的獲利。

如果希望找人幫忙，建議看看你所找的人是否具備下面的專業：

1、可幫客戶找到符合要求的物件；

2、可幫客戶找到最適合的貸款；

3、可幫客戶將買到的房子用最低成本做最好的整裝；

4、可幫客戶將房子在兩年期間尚不準備賣出的前提下，
　　用好的租金出租；

5、可幫客戶在市場上找到好的買家，讓客戶獲利了結。

　　此外，每個環節都要清楚明白，沒有投機取巧，也沒有任何非法或不道德情事。

　　這世上有什麼投資是進可攻、退可守的？

　　凡是這東西的「本身」就具有「實用」價值的，就可能符合這條件。

　　好比說名畫，當市場有人喊高價時，可以出手大賺一筆。但當市場價不滿意，我仍可以掛在客廳當作裝飾品，就算被典當也仍有不斐的價值。同樣的道理，買賣黃金珠寶，也都是進可攻、退可守的選擇。

相較來說，股票就不是這樣。一張股票如果狂跌，那最終它只是一張「紙」，有人笑稱股票跌價成為壁紙，那這張紙也太小了。

其他各種虛擬的投資，例如期貨，例如衍生性金融商品，都是在數字遊戲過後，一旦賠了，投資人就一無所有。

另一個投資項目——土地，雖然也是有「實物」，但若投資錯誤，這實用性也不高。例如買到後來沒被列入開發區的荒地，那可能就只是荒郊野外一塊不能種田也不能做任何用途的石子地了。

在比較過幾種投資標的後，最終可以快速投資，又讓投資者較無後顧之憂的，**就只剩房子了**。投資房子可以有三種狀態：

第一：自住；

第二：出租；

第三：出售。

後二者可以帶來進帳，第一者則可作為安身立命居所，所以買房子絕對不會是「無用」的投資。

於是，我們再來複習，快速致富的條件：

## 一、本金要提高

投資房地產若有自備款，那很好，但就算沒有足夠自備款，我們也可以把別人的錢變成自己的自備款。

請注意，我們公式裡的本金，並沒有規定一定是要「自己出的」，當我們可以用低利率向銀行貸出款項，那這筆錢已經合法的屬於我們，可作為本金，透過房子投資理財，同樣可以創造快速獲利。

## 二、投報率要提高

房子投資當然不是百分百，我也不會公開宣稱只要買房子「一定賺」，而是買到「對的」房子就一定賺。如何買到對的房子呢？此時就需要專家。

所謂專家，也絕非股市名嘴那種，他們說了，但你「有聽沒有懂」那種，而是經過客觀分析，和你討論經

過你同意，才來做投資。

　　彼時只要分析整體大環境趨勢，藉由適當的財務槓桿，就可以創造高投報率。


　　記得嗎？之前還舉過一個例子，就算沒有準備自備款，也仍可能買得到房子，那時的投報率，可就不只是一倍、兩倍這麼少了。

## 關於買屋，你應該有的正確思維 No.4
# 銀行不是個關卡，銀行是我們的朋友

　　當我們分析比較了不同的理財工具，確實，若要既符合快速安定有著一定的投報率，又要做到「進可攻退可守」的基本投資保障，那麼，買房地產的確是最佳的選擇。並且我要強調，絕非有錢人才可以買房地產，只要找到銀行合作，人人都可以成為好的投資專家。

　　這裡我要分享一個很重要的概念：

> 不要想成：我們要借錢，所以「有求於」銀行。
> 要想成：我們有好的投資標的，讓銀行分一杯羹。

　　所以銀行不是我們的債主，不是我們必須看其臉色戰戰兢兢面對的挑戰；相反地，我們要高高興興地進去銀行，因為我們是銀行的重要客戶。就是有像我們這樣懂得投資的人，銀行才能獲得利潤。

　　銀行不是房地產專家，他們的專長不是買賣房子，還好有像我們這樣喜愛投資房地產的人，讓銀行也藉由我們，可以參與房地產帶來的利益。當我們這樣想的時候，進銀行談貸款，就不會是難事。

　　一般人買房子多半要貸款，就算有足夠的自備款，如同我在前面所述，我們也鼓勵投資人寧願把錢拿來買更多房屋物件，也不要一次繳清。因為聰明的理財人，會用低利率來賺高收益。

　　既然要和銀行談合作，我們來看看銀行的貸款的三個基本考量要件：

## 一、銀行端要件

　　自從臺灣金融開放後，我們有更多銀行的選擇，可以找本土金融企業，也可以找外商銀行，甚至也可以找地方性的信用合作社等等。要找怎樣的金融單位，情況不一定，有時候某家銀行不願意貸款給你，但另一家卻願意，那是因為不同銀行有不同政策考量。

　　銀行願不願意貸款的考量有：

## 1、放款額度問題

經常，銀行不願意貸款，不是因為你的問題，而是銀行本身政策問題。各家銀行都會隨時調整放款額度，如果剛好這個月額度用完了，那當然就不會再放款了。

## 2、評等問題

如果是針對你的個案，銀行不願意放款，其考量因素可能是：

### A、估價太低

也就是當你想要貸款的物件，銀行估價後覺得這物件不值得投資。當然若客戶願意負擔大部分貸款，只和銀行貸部分款項，也許銀行會願意。但多半時候客戶要貸的金額不低，但物件估價卻很低，那就會評比不核貸。

### B、成數太低

銀行貸款方式有很多，有純憑信用的貸款，例如小額信貸及信用卡，但只限一定金額（也就是若碰到呆帳，銀行評估可以承受的金額），但對於房屋這種大金額貸

款來說，一定需要做擔保。

基本上你購買的房子本身就是擔保，作為第一擔保人，若客戶繳不出房貸，房子就會抵押給銀行。但即使已經列入這樣條件，銀行評估後，還是覺得這物件擔保成數太低，那就會做出不核貸的決定。

### 3、審核人員刁難

其實這部分是屬於「人」的範圍，所謂「規定是死的，人是活的」。在一定範圍內，銀行審核人員擁有核撥與否的權限，這個權限可大可小，甚至類似情況的案件，昨天不核可，今天卻核可。關鍵在於客戶與審核人員間的互動氣氛，經常若「感覺對了」，在權限範圍內，審核人員就願意放行；相反地，若審核人員對你的觀感不佳，那就難免出現刁難的情況。

基本上，每個人的信用會有基本評等，所有銀行間皆有連線，透過聯徵紀錄，一個人的財務狀況無所遁形。以大方向來說，整個基本的審核要件是一致的，但對於

個別銀行來說，可能就有個別的考量，同樣的信用評等，可能在甲銀行不能過關，但到乙銀行卻過關了。

信用評等包括：從聯徵紀錄裡抓取你一年的信用狀況，包括繳款是否正常、目前已經借貸多少錢了，以及六個月內有否遲繳或者使用信用卡循環的狀況。

基本上，若一個人有任何的遲繳或欠債餘額太高，那就會嚴重扣分。

或許有人以為，如果很少和銀行往來，也就沒什麼信用紀錄，應該分數最高吧？其實正好相反，銀行最喜歡的客戶是和銀行經常往來，常使用信用卡、有貸款紀錄，但是所有繳款紀錄皆正常的人，這樣才是最頂尖的客戶。

相反地，若一個人找不出信用紀錄，表示這個人不愛和銀行往來，對銀行收入也沒有貢獻，並且因為缺少信用紀錄，所以也並不確定這個人貸款後會不會準時還款，這樣的話，風險真的太高了。

除了聯徵和金融機構往來的基本分數外，接著就是個人的基本評分了。眾所周知，一個人如果是在五百大

企業上班,或者是軍公教人員,那評等指數就會變高。

若不屬於這類條件,那就要看每家銀行不同的評分依據,包括你所服務的公司營業額多少?公司人數多少?屬於什麼產業?並且很重要的一點,你在這家公司服務多久?已經晉階到哪個職級了?此外,你的學歷高低、過往工作經歷,以及是否有擔保人等等,都和你的評分等級有關。

考量那麼多,究其實,就是要評判這個客戶「有沒有能力還錢」。也就是下面要說的:人的要件。

## 二、人的要件

不論我們投資什麼物件,對銀行來說,他們的窗口是你,也許物件很好,但若覺得「窗口」不對,那貸款就不會成立。

一個優秀的客戶,可以用看似不佳的條件貸到一定的金額。好比說一個擁有夢想的年輕人,他可以帶著他的事業藍圖,用充滿自信的眼神,對著銀行述說他的大夢。就算他現在身無分文,也沒在哪個企業上班,卻可

以靠邏輯清晰的演說，取得一定的貸款。相反地，一個人即使在某個知名企業工作，但講話時眼神游移、有氣無力，給人很沒信心的感覺，那反而不一定貸得到款。畢竟，誰知道搞不好你已經被公司通知要遣散了，你趁還沒正式離職前來辦理貸款，這種事也說不定。

　　純以客觀條件來看。銀行評估一個人：

### 1、最基本的要件：要有工作

　　前面提到那個只有夢想，卻沒工作的人能貸到款，那是特例，他做的是創業貸款。若是房屋貸款，這年輕人就應該貸不到。其實工作紀錄也可以作假，但基本上，要證明自己有工作，要準備以下資料：

Ａ、薪轉證明（證明至少到「上個月」你還在這工作）

Ｂ、扣繳憑單（真正證明你在一家企業上班，雖然那是去年的紀錄）

Ｃ、勞保明細

Ｄ、在職證明以及存摺

　　如果以上四個文件都具備，那就八九不離十，你真的有工作。

### 2、收入證明

收入是一個人還款的保證,雖然不能看出你「未來」收入如何,但若有固定工作,銀行就可以假定你未來工作收入,只會比現在多不會少。這牽涉到貸款核可與否,也牽涉到貸款額度。收入依據,包括月薪(薪轉證明)、扣繳憑單(若除了月薪還有其他收入,扣繳憑單可以驗證年收入多少,再除以十二個月計算每月收入),另外勞保金額也是評核一個人實力的依據。

### 3、核貸金額

在正常條件下,一個人可以被核貸的最高金額,就是他的月收入 X 60%。好比說,一個人的月收入 5 萬,那乘以 60% 就是 3 萬,那這就是銀行可以承貸的每月分期最高額度。也就是說,每個月還款金額本金加利息不能超過 3 萬,以此倒推回來的金額,就可以計算共可貸你多少錢。

如果一個人過往的信用良好,目前沒有其他借貸,那以 3 萬元來推算,可以借貸的金額可以很多。

怎樣計算每月付多少款，等於借貸多少金額呢？其實也很容易計算，只要知曉銀行核貸的利率，換算成年數，就可以算出。例如假定貸款 100 萬元，每月繳款利息是2.2%的話，那二十年期貸款，每月繳款金額是5,200元。

　　一般房屋購買，經常除了房貸七成額度外，尚不足需要信貸，這部分銀行也會計算進去，如下圖所示，信貸部分利率較高，還款期限也較短，當然信貸金額也較少。如下圖以信貸 10 萬計算，利率是 8%，五年內還清，那每月繳款金額是 2,100 元。

| 貸款類型 | 貸款年數 | 每月繳款金額 |
|---|---|---|
| 房屋貸款每 100 萬，利率 2.2% | 20 年 | 5,200 元 |
| | 25 年 | 4,300 元 |
| | 30 年 | 4,000 元 |
| 信用貸款每 10 萬，利率 8% | 5 年 | 2,100 元 |
| | 7 年 | 1,600 元 |

透過這樣的計算，再搭配個人月收入分析其還款能力，就可以推算銀行最高可核貸多少房貸以及多少信貸。

以前面月薪 5 萬元來計算，60% 額度是 3 萬元，如果房貸年限是 30 年，那麼以 3 萬元來反推，可以借到高達 750 萬元；若自備款 250 萬，就可以買價值 1,000 萬的房子。

30,000 ／ 4,000 ＝ 7.5（百萬）

同理，每個人都可以依此來計算，自己可貸款額度。

例如一個月薪 4 萬元的人，每月可負擔貸款是 24,000 元。

以三十年房貸來說，可借到 600 萬，

以二十年房貸來說，可借到 460 萬，其他依此類推。

### 4、特殊狀況核貸

有的人沒有薪轉，例如本身開店當老闆，或是專業

人員領取專案報酬非薪資收入者，那麼判斷依據之一，是銀行存款。銀行會依存款半年內的餘額乘以 5%，判定為每月收入。好比說，存款餘額 100 萬，推算每月收入是 5 萬。雖然可能比較保守，但因為沒有薪轉，銀行也只能用保守估計。

當然，存款餘額必須有半年以上紀錄，不容許有臨時請朋友轉入大筆金額做假的情況。


## 5、資金能力考量依據

接受核貸審核的人，最好要準備活存與定存，這些是最佳的資金證明。對於銀行來說，他們需要的是你的現金流能力，可以按月繳款，至於其他不可變現的財產，參考度比較低。透過存摺：

A、可以證明一個人是不是月光族。一個人若賺得多，卻花得更多，這不是銀行願意核貸的對象。

B、不要分散戶頭，要集中一個戶頭，畢竟這樣數字才會漂亮。

C、資金流向是自備款的證明，透過帳戶可以看到一個

人的資金狀況，包含自備款來源（是多年累積的存款，還是一次性突然帳戶多了一筆錢），以及平日金錢花費模式（如果發現一個人經常月支出達到收入的 60% 以上，那麼將來還款能力就會有問題）。

最後，最好要有信用卡，因為可以創造信用紀錄，要有消費及正常還款，但不要有負面紀錄。當然，如果有其他負債，借款就變得較為困難，車貸比較好通融，但連帶地會影響借貸成數。此外，切記！若信用卡或現金卡經常有使用循環信用的紀錄（也就是另外一種形式的借款），那也會影響核貸金額。

### 三、物的要件

談了銀行要件以及人的要件後，最後也是最重要的，其實是物的要件。簡單來說，當我們和銀行貸款買房子，銀行其實和你是共同投資人，畢竟，如果哪一天客戶繳不起款，那房子就變成銀行的了，所以銀行很看重物件。

如果投資標的是海砂屋，那銀行就不願核貸給你，

因為擺明是賠本的買賣。（事實上，這個客戶也該反省自己為何會買海砂屋？）

相反地，若一個物件很被看好，但客戶卻以低於市價很多的價格買到，那甚至可能出現一種情況，物件的抵押額度已經夠大（也就是若客戶繳不起錢，這物件落到銀行手上，絕不會虧損），也有客戶可以全額貸款的案例。

有關銀行估價：

1、最好可以找三家以上正在放款的銀行幫房子估價。

2、基本上，銀行是比較保守的，銀行估的價就是保守的市價。

3、銀行的估價跟可貸金額是不同的概念。如同前述，如果銀行估價結果很看好這棟房子，那估價後願意貸款的成數會變高，通常銀行貸款成數可由七成到八點五成。

4、整體來看，一個貸款是否成立，包括銀行本身的要件（是否有放款額度），加上人的要件（這個人的月收入，也就是可以核貸的最高金額），最後加上

物件估價條件。

若這個物件估價是值得貸款，銀行端、人和物三個條件都到位了，才可以完成一個貸款。以下圖為例：

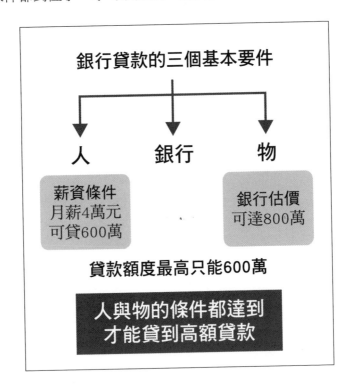

在具體的買屋實務上，具備好的貸款條件的人，不一定貸得到款；而一個看似條件不夠好的人，也不一定

就貸不到款，一切依個案以及談判的方式而定。

　　有心投資房屋致富的人，要懂得慎選好的房仲公司，透過專業人員規畫，可以取得較好的貸款條件。

第三章

**夢想成真──
築夢、追夢、圓夢**

這世上離幸福、離財富最遠的人，不是「不知道」的人，
而是明明知道，卻沒有去做的人。
如果只是「不知道」，那還比較簡單，我願意不藏私的和
你分享，讓你「知道」。
但如果「知道」，卻還在觀望、還在等待，還在說：「明
天再說」，那這世上誰也幫不了這樣的人。

**一百個、一千個、一萬個「知道」，**
**比不上踏踏實實的去「做」，**
**即便只做一個，都比懂一萬個但一個都沒「做」要好。**

本章分享幾個案例，不論你自我設定自己多麼「不可能」
買到房子，這幾個案例都告訴你，你只是不願去嘗試而已。
他們都做了，也因此都改變了。

**世上所有的成功，不靠什麼神話，**
**去做，就對了。**

買屋絕非「不可能的任務」。案例一

# 沒有自備款，可以買房子嗎？

從事房屋買賣這麼多年來，我和許多人談過話，遇過各行各業、各式各樣的人。

若問起「想不想擁有自己的房子？」，百分之九十以上的人都說想。

尚未擁有房子的人，當然會很想有自己的房子；就算是已經擁有一棟房子的人，他們也會想再擁有更多的房子。但通常那些已有房子的人會告訴我，他們每個月仍為房貸煩心，光搞定自己的「自住居所」就已經壓力很大，更別提要「房屋理財」了。

若問這些人：「想不想改變自己人生？」

幾乎百分之百的人都會說：「想改變。」

但他們共通的問題，就是：「投資房屋？我當然想。但請問自備款哪裡來？」

如果自備款是讓大家裹足不前的最大問題，那在此

我很樂意分享:「不用自備款,也能買房子」的實際案例。
希望有這方面顧慮讀者,看完後願意真的去做。

黃小姐和先生結婚多年,一直賃屋而居。

他們不是有錢人,但生活平靜安穩,丈夫是個中階
主管,月收入約 6 萬元,黃小姐自己也是個上班族,月
入 4 萬元。他們夫唱婦隨,日子過得快樂,但總是有個
小小遺憾——他們沒有自己的「家」。

他們當然也想買房子,雙薪家庭的他們,收入每月
有 10 萬,比起一般家庭已經不算差了。但他們還是「不
敢」買房子,因為:

· 大環境景氣那麼差,臺灣的經貿實力已大不如前,

身為平凡上班族的他們，對未來也感到惶恐。現在雖然夫妻都有穩定工作，但「萬一」工作出現狀況、公司倒閉或者被裁員怎麼辦？

- 每月收入 10 萬雖然看起來不錯，其實這筆錢用來維持家計、夫妻倆不時逛街、吃館子，都沒問題。但若說起買房子又是另一回事了。家庭月收入「只有」10 萬，真的可以負擔將來動輒數百萬的龐大房貸嗎？

他們的問題，其實也是臺灣許許多多家庭的問題。大部分人只是感到煩惱，但光煩惱並不能改善現況。黃小姐和她的夫婿不一樣，他們有了行動。這行動，不是買房子，而是來「找我」。

這也是我對本書讀者要一再強調的。

一、本書講的理論與實務，都是基於事實。只要肯做，就一定可以成功；

二、我們要讀者投資房屋，只要抓住每年 20% 複利的概

念，一定可以成為富翁；

三、但如何找到好的房子？如何掌握這20%複利？其實，針對不同的買屋人背景，有不同的教戰守則；

四、所以我總是和讀者們說，投資買屋這件事一定是對的，但對的事也要用對的方法。

透過諮詢，可以找到對的方法。

因此，在透過一對一諮詢，我了解黃小姐和他夫婿的工作及財務狀況後，輔導他們買下人生第一棟房子。

■他們的問題：

沒有自備款，因為過往的各項開支，他們手上完全沒有儲蓄。

■實際案例：

在我的輔導下，這對夫妻在 2014 年於桃園中正藝文特區，也就是未來捷運綠線沿線 G10 站區附近，買下「演說家社區」。由於沒有自備款，總價 580 萬，是分

成兩部分來支付：

## A、房屋貸款部分

黃小姐夫婦，個人工作及信用條件不錯，可以貸足85% 最高額度的房屋貸款。

580 萬 X 85% ＝ 493 萬

採取前三年只還利息，暫不還本金的方式。

每月應繳的貸款：

493 萬 X 2.2% ／ 12 ＝ 9038（每月應付利息）

## B、信貸部分

扣掉房貸支付部分，購屋尚須 87 萬，這部分透過信貸。七年期的信貸，每月本息繳交的簡單計算公式：

月繳費用＝每萬元 X 160

因此 87 X 160 ＝ 13,920（每月應繳信貸本息）

交屋後第二個月起，黃小姐夫婦每月應繳金額是：

13,920 ＋ 9,038 ＝ 22,958

房子買來後，透過我和我的團隊協助整理，並代為出租。由於我們非常專業，很快的就幫他們找到好的客戶，承租房子，現在房客每月的租金是 16,000 元。

黃小姐夫婦，每月實際應付的款項：

22,958—16,000 ＝ 6,958

## ■結論分析：

黃小姐夫婦原本最擔心的是經濟不景氣、工作不穩定、怕「負擔不起」每月要繳交的房貸，但現在每個月只需不到 7000 元，就可以擁有自己的房子。這 7000 元，會負擔不起嗎？

更重要的，現在他們有了自己的房子，並且是在桃園最有發展前景的捷運綠線附近。從購買時候的 2014 年，到這本書出版的現在，兩年期間，房價已經明顯上漲。黃小姐和夫婿在短短兩年時間，資產已經增加許多。

　　然後我們回歸到本來的問題，黃小姐夫婦本來是因為擔心「沒有自備款」，現在他們擁有自己房子了，他們準備了多少自備款？

　　答案是，他們不用準備自備款。

　　是不是？

　　當看過這個案例，我們可以不要再以「沒有自備款」為藉口，讓自己和買屋絕緣。因為，你很可能永遠「沒有自備款」。你的收入總是會找理由花掉，這個月多一點獎金，你為了犒賞自己花掉了，下個月繼續過著收入僅剛剛好「夠用」的生活。

　　相信我，一個沒有下定決心的人，永遠沒有自備款可以買屋。

　　現在，看完這個案例，沒有自備款的人，是否可以重新思考，自己可不可以買房子了？

## 黃小姐的心聲：

　　那天我真的哭了。從小到大我也有很多哭泣的經驗，但這種「美夢成真」高興到哭的經驗，真的很棒！我也希望所有尚未買屋的人，不要再猶豫了，你真的可以擁有自己的夢想。相信我，你曾經擔憂的事，我也都擔心過。

1、我曾經有好幾年的時間，邊夢想買房子，邊唉聲嘆氣著，我永遠存不夠自備款。但原來，不用自備款就可以買房子。

2、我對於房子這樣子價格好幾百萬的「東西」，也有著天生的疑懼。覺得這麼「貴」的東西，我真的可以擁有嗎？但其實，我們若不下定決心去擁有，我們每天仍會持續花錢，那些東西雖然價格遠不如房子高，但日積月累下來，把錢都花光了，而且這些錢花了就花了，不會變成收益回來。如果是這樣，何不讓自己去買一個很貴、但其實可以變成收益給我們的金雞母呢？

3、經過這次投資的經驗，我深深覺得，很多時候，所

謂「不可能」，原來是自己製造給自己的藉口。當真正踏出去後，如今回首，也沒那麼難嘛！當初所認為的所有不可能，其實也只不過是從小到大以來對房子錯誤的想像。現在我擁有自己的房子，以及美好的未來。我的資產倍增，同時間我的同事們還在過著原本為錢煩惱的日子。想到這，我就對於能夠走出這樣一步，覺得非常感恩。

4、當然，貸款是種學問，如何借到條件好的房貸及信貸，這方面很感謝有像呂老師這樣的專業顧問，能夠給我正確的指引。

現在的我，想到我擁有房子，有時候仍是覺得像做夢。對於這樣的好事，我只有感恩再感恩。

## 買屋絕非「不可能的任務」‧案例二
# 我一個人，只有 30 萬，可以買房子嗎？

以雙薪家庭來說，貸款買房屋的條件可以有更大的應用空間。

理由很簡單，因為對銀行來說，貸款看的除了物件外，更重要的是看貸款人的條件，當有兩個人的時候，就代表有兩倍的額度可以應用。以前面的例子來說。如果兩筆貸款，一筆用先生名義，一筆用太太名義，這樣就更好貸。

這也算是結婚的好處之一吧！

但有人會問，我還沒成家，我只有一份薪水，我不是有錢人，所以我還是不能買房子。

錯！只要有穩定的工作，透過適當的理財規畫，絕對還是可以擁有自己的房子最為投資標的。這樣的例子非常多，以下就是其中一個：

## ■買屋實例

購屋者：三十多歲的陳先生

購屋日期：2014 年

購屋標的：桃園上城社區

購屋價格：600 萬

　　陳先生是個職業軍人，有份穩定的工作，也有一個交往多年的女友。但陳先生遲遲不敢成家，原因是他尚未買房，覺得自己條件不夠成家。

　　做為軍人，領國家糧餉，這是個收入絕對穩固的職業。但也必須說，這只是份死薪水，陳先生在家中是長子，還負有養家的責任，每個月扣掉零零總總的開銷，以及從前曾經仗義借錢給朋友後來對方沒歸還，總之，雖然三十幾歲了，但陳先生的存款並不多，若要買房子，他也只拿得出 30 萬自備款。

　　看到自己戶頭裡的數字，陳先生除了嘆氣，也只能暗暗指望，未來十年看可否在軍中有大的升遷。加上努力存錢，才可望有足夠自備款，也希望女朋友願意等他

那麼久……

　　直到後來一個機緣，陳先生來上了我的課。了解到其實不用準備很多自備款也可以買房子，於是他的人生有了新希望。

　　相信像陳先生這樣狀況的人一定很多，上班族每月收入 3、4 萬，扣掉基本生活花費交際應酬等等，還有要孝敬老爸老媽的錢，覺得每月可以存下的錢實在有限，望著動輒百萬、千萬的房價，只能望屋興嘆。

　　但現在不用嘆息了。讓我們來看看陳先生的例子：

　　同樣地，透過一對一諮詢，我了解陳先生的工作及財務狀況後，輔導他買下人生第一棟房子。

### ■他們的問題：

　　單身，沒有足夠自備款。

### ■實際案例：

　　在我的輔導下，陳先生也是選在桃園捷運綠線買了

他人生第一棟房子，他買的是「上城社區」一個物件，
總價600萬的房子，他自備款30萬，還有570萬要貸款。

## 一、房屋貸款部分

軍公教是銀行評等很高的行業（重點不在收入多寡，
而在於收入穩定度高），陳先生可以貸足85%最高額度
的房屋貸款。

600萬X 85% = 510萬

採取前三年只還利息，暫不還本金的方式，每月應
繳的貸款：

510萬X 2.2% ／ 12 = 9,350（每月應付利息）

## 二、信貸部分

扣掉自備款以及房貸支付部分，購屋尚須60萬，
這部分透過信貸，七年期的信貸，每月本息繳交的簡單
計算公式：

570 萬—510 萬＝ 60 萬

月繳費用＝每萬元 X 160

因此 60x160=9,600（每月應繳信貸本息）

房屋交屋後第二個月起，陳先生每月應繳金額是：

9,350+9,600=18,950

同樣地，房子買來後，透過我和我的團隊協助整理，並代為出租，幫他找到不錯的房客，現在房客每月的租金是 16,000 元。

所以陳先生每月實際應付的款項：

18,950—16,000 ＝ 2,950

## ■結論分析：

陳先生原本一直認為，他沒有足夠存款，只有 30 萬自備款，買房子的夢遙遙無期。現在他知道，原來就算

只有 30 萬，他也可以擁有自己的房子，並且透過適當的管理，光租金收入就可以 COVER 掉大部分的房貸。原來他煩惱了好幾年的問題，到頭來，只是每月不到 3000 元的開銷。

這件事也改變了陳先生的金錢觀，在從前，2,950 元是一筆不大的數字，大約就是每月偶爾去餐廳打打牙祭的錢，吃了就沒了。但現在 2,950 元變成是他擁有自己資產每月所需付出的微薄成本。這筆錢比搭一次高鐵往返臺北、高雄還便宜，卻讓他擁有自己的房子，並且這房子未來還可以增值為他賺進百萬。

但天下事永遠有人跑出來質疑。

對於正確的事，我們也不怕被質疑，本書的理論歡迎大家質疑，我們都是以實證做基礎，經得起考驗。

關於本案例，最多人會質疑的一件事，就是我們的假定，都是以「房子租出去」為基礎，但「如果」房子沒租出去呢？

關於這點，我的說明如下：

一、的確，這世界沒有什麼事是百分百，就連一個人好

好地走在人行道上，都不保證他不會出車禍。這世界還是有這樣的事：當守規矩的人走在人行道上，但就是有違規車子撞上他。所以結論是：連在人行道上走路都要擔心。

我的意思，如果做什麼事都要擔心這、擔心那，那就真的什麼事都不用做了。例如：我想去市場買東西，但擔心過馬路會不會危險，所以只好整天關家裡，打電話要人送貨過來；孩子去上學，會不會碰到霸凌啊！好像還是關在家裡好；這家公司薪水不錯、制度也不錯。但我擔心因為不景氣，這個產業還是可能會碰到麻煩。如果未來被裁員怎麼辦？所以決定不要來上班⋯⋯

這些例子聽來很可笑，如果我們碰到什麼事都擔心，那真的就什麼事都不用做了，包括買房子這件事也是一樣。


二、但還是有人質疑，真的可以那麼容易就讓房子租出去嗎？

我們的回答是：

1、每個個案都要先經過我們輔導，我們一定是評估分析好後，才提出買屋建議。如果一個人自己看完本書，悶著頭就衝去好比說花、東的山上買了一棟房子，然後抱怨說為何租不出去？這種未經評估就買屋的情況，可不包含在內。

2、一旦經過評估，我們請客戶買的一定是地段好、受歡迎的物件。而透過專業團隊，我們也絕對不會有「租不出去」的問題，因為租出去是一個「一定要達成的」任務，不只要達成，並且要以好的條件達成。

以上是我的說明，實務上，這麼多年來，只要我們輔導過的案例，沒有租不出去的。

## 陳先生的心聲：

身為一個職業軍人，也許我的生活圈子比較狹小，覺得很多生活層面的事務我都不懂，類似像買房子這樣的事，我覺得非常困難。但天底下最困難的事，其實不是面對任何挑戰，而是突破自己舊有的框框。我後來透過學習，透過和呂老師的團隊上課，我的觀念才豁然開朗。其實這世界很多事都是這樣，為何我們一定要全懂才能做呢？好比說為何我擔心我不能買房子，因為我覺得我自備款太少，而且又不懂投資理財，但我不懂，有專家懂啊！這個觀念一通，我把一切委託專家，透過專業的輔導，我買房子、拿到最佳的貸款條件，也順利把房子租出去，每月只要輕鬆還款，就能擁有一個好的投資物件。

事實上，我現在已經在進行第二間房子的投資了。

改變觀念，改變我整個人生。我可以做到，相信大家都可以做到。

買屋絕非「不可能的任務」。案例三

# 原本已經在背房貸，我可以再買房子嗎？

其實，以「房子」這個名字來說，它可以有很多種意義。

房子基本功能就是「住的地方」，以此角度來看，買房子跟投資沒直接關係，在沒有第二次買賣行為前，不論房價是漲是跌，都和屋主不相干。就算房價漲了五倍、十倍，也都只是看得到吃不到的數字。

房子也可以是生財工具。最普遍的做法，把房子租給人家，收取租金，那房子就是典型的生財工具。

房子更可以是理財工具。房子可以在適當的時候出售，房子本身作為資產，也可以將之抵押，換取流動資金。

大部分人望屋興嘆。因為：

一、若只將房子做為「住的地方」，這就是「購買資產」
　　的概念。購買資產絕不便宜，在臺灣就算在較偏遠

市鎮，買一間房子也要幾百萬，更何況在寸土寸金的都會區。也因此很多人說，買屋是一輩子不可能的夢想。

二、人人也知道，房子可以做為理財工具。問題是許多人不是學商的，就算是學商的，也不見得懂房地市場。不懂，就感到畏懼，畏懼就會裹足不前，因此買房子感覺上就是不可能的任務。

本書就是要破解這樣的迷思！我們要告訴大家：人人都可以買房子。

本篇的案例就是個典型案例，這戶人家原本就已有自住的房子，但同時也因需要繳房貸而變成屋奴，每個月都為背負房貸而苦。

這也是許多人認為自己不能投資房子的理由，因為他們「已經」有房子了，這棟房子做為自住，所以不能出租獲益。也因為自己還背著龐大貸款，所以「不可能」再買房子。

是這樣嗎？請看本篇案例：

## ■買屋實例

購屋者：簡先生、張小姐夫婦

購屋日期：2016 年

購屋標的：買了竹城御賞以及上城社區兩個物件

購屋價格：兩間房子分別是 895 萬及 620 萬

　　在前面兩個案例中，我介紹的都只是最簡單的購屋案例。

　　人人都可以做到的，僅買一戶的案例。

　　但本案例可以告訴大家，我們買屋其實彈性還可以更大。以本案例來說，這對夫婦的情況：

　　他們本身原本就有一間房子做為自住用。這房子已付多年貸款，但尚有 350 萬貸款要還，目前每月要繳的房貸是 15,500 元。

　　簡先生是個警察，月薪還可以，年收入大約 100 萬；張小姐則是典型的家管，在家帶孩子，並沒有收入。因為薪水已用來養家及繳房貸，這對夫婦並沒有足夠的現金可以再來投資房子。事實上，當他們來找我時，他們

表示，完全沒法支付自備款。

　　這是一個相當具代表性的案例。因為：

一、這對夫婦並不算有錢人，以家庭收入來說，沒有特
　　別高。

二、他們已經負債了，在銀行眼中，這家人已經有幾百
　　萬房貸要背了。

三、原本條件看來就不優了，現在他們要買房子，卻連
　　自備款都沒有。

四、結果他們不但要買房子，並且還想要買兩間。

　　看看這個例子，之前若有任何人覺得一般人「不可
能」買房子，那麼，這個案子對他們來說更是「絕對不
可能」成功。

　　為什麼？

　　如果一個已經負債 300 多萬，年收入也不過 100 萬
的家庭，也沒有其他後援（例如背後有個有錢的老爸等
等），卻還可以再買兩間新屋，那任何人也都可以買屋

了。畢竟，或許一個人沒到年收入 100 萬，但也沒有負債 300 萬啊！一加一減下，任何人的資金條件都還可以比這戶人家好呢！

結果這戶人家不僅成功再投資兩戶房子，並且每月的負擔是……對不起，他們每個月不但沒負擔，而且還有賺呢！

這怎麼回事？原本沒投資房屋時，每月還得負擔 15,500 元的貸款，怎麼反倒投資兩間房子後，現在每月不但貸款沒增加，還有賺？請看這實際案例：

## 一、這對夫婦原本的房子

原本還欠銀行 350 萬，每個月要支付 15,500 元的貸款。現在，他們的做法不是把錢還清，而是反過來做增貸。

透過資產評估，他們過往本已繳了多年房貸，如今房子有一定的增值，透過專家協助，他們用原本房子又增貸 400 萬。

由於新增貸，重新談條件。

以「前三年只還利息」的方式，原貸 350 萬＋增貸 400 萬＝ 750 萬

現在針對原本房屋，每月要繳的貸款利息支出是 13,750 元

750 萬 X 2.2% ／ 12 ＝ 13,750

## 二、購買「竹城御賞」

房子原價 895 萬，透過專家協助，貸到七成多，核貸了 670 萬。（三成的部分，就以原來房屋增貸的資金來支付，原增貸 400 萬，在此扣掉 225 萬）

採取前三年只還利息，暫不還本金的方式。每月應繳的貸款：

670 萬 X 2.2% ／ 12 ＝ 12283（每月應付利息）

### 三、購買「上城社區」物件

房屋原價 620 萬，幫他們貸到 500 萬（三成的部分，就以原來房屋增貸的資金來支付，原增貸的 400 萬，在此扣掉 120 萬，400 萬扣掉 225 萬再扣掉 120 萬，還有 55 萬可以做為彈性應用，作為仲介費用及稅務支出等等。）

採取前三年只還利息，暫不還本金的方式，每月應繳的貸款：

500 萬 X 2.2% ／ 12 ＝ 9,167（每月應付利息）

### 四、每月負擔及報酬計算

負擔計算：

現在這對夫婦每月要負擔三筆貸款了，三筆聽起來很可怕，讓我們先來加總：

原本房屋的每月貸款：13,750 元

竹城御賞的每月貸款：12,283 元

上城社區的每月貸款：9,167 元

以上加總＝ 35,200 元

收入計算：
經過專家協助整理以及做出租規畫後，
竹城御賞每月收租：19,000 元
上城社區每月收租：17,000 元

以上收入總共 36,000 元

所以租金減掉每月貸款
36,000─35,200 ＝ 800 元

是的，你沒看錯！原本這戶人家每月還得背負
15,500「債務」，現在手中擁有三間房子，卻反倒變成
每月還有 800 元的「收入」。

800 元能幹什麼？不能幹什麼，也許只夠夫妻帶孩
子去看場電影、吃吃消夜，但這已經完全打破他們原本
的迷思，現在他們不再是受困的屋奴，而是坐擁三間屋

子的理財達人。

也請大家注意，這只是將房子出租後的狀況，還不包括房屋增值後的銷售收入，這部分的收入更是驚人，是以百萬計的。

簡先生、張小姐夫婦買的兩個物件，都位在捷運綠線沿線，可以說已經立於不敗之地。

典型的進可攻退可守。

所謂「進可攻」，當房價漲到一定高點，他們可以分段賣出，可以先賣其中一棟、另一棟晚點賣，這期間還可以繼續投資其他物件；所謂「退可守」，就是他們也可以繼續再當包租公包租婆，享受手邊擁有三間房子的快樂。

請特別注意，就算房子暫不出售，還是可以帶來其他資金。除了房租收入外，若房子本身增值，就可以配合專家規畫下，再適當地做理財規畫。

最可以證明的案例，就是他們自己原本的第一棟房子，不就因此而可以由一棟變成三棟了嗎？

## ■結論分析：

什麼是有錢人的思維？

本案例，簡先生、張小姐夫婦，就是從原本的平凡人思維，轉變成有錢人思維。

簡先生沒有轉行，沒有加薪，他們家也沒有突然因為中樂透或得到遺產而收入暴增。

**這一戶人家，可以由原本負債的蝸牛一族，變成房地產投資達人，靠的就只是「觀念轉換」。**

他們做得到，你也做得到。

從今天起，你就懂得：房子不只是房子。

**不要再說，我已經有一棟房子了，所以我沒法擁有第二棟房子。**

**應該要說，我已經有一棟房子了，我更可以擁有第二棟房子。**

其實所有的有錢人，都是這樣看待房子的。

那些大企業家總裁，明明已經擁有許多財富，但他們投資事業，為何還要跟銀行貸款。因為他們懂得運用低利率來創造高報酬。

　　已經擁有房子的人有福了，請記得找專家幫忙，讓你的房子不再只是一棟居住的房子。

## 簡先生的心聲：

　　我和妻子都不是理財專家，我只是個奉公守法的公務員，商學絕非我專長。我的妻子更只是個單純的家庭主婦，完全不懂理財，但如今我們的世界改變了、提升了。身邊的朋友對我們家的轉變都嚇一大跳。當我告訴他們，我並沒有得到什麼額外橫財，純粹只靠觀念改變，懂得請教專家，幫我們做房屋投資，於是我們的資產有了重大的轉變。身邊朋友都感到大大震驚，現在我的許多朋友也都紛紛跟進，跟我們請教如何做，讓他們也可以來做投資規畫。

　　改變其實一點也不難，只問你敢不敢嘗試而已。

　　我們請教了專家，並且我們也去做了，於是我們改變了人生。

　　就只是這樣。

　　感謝呂老師及其團隊專業的指導，今後我們要學習更多房屋知識，讓人生更精采。

買屋絕非「不可能的任務」．案例四

# 我是個公車司機，我也有三棟房子

　　觀念的改變，帶動整個人生的改變。

　　在前一個案例中，我們看到原來大家認為的「不可能」，其實只要在專家協助下，是絕對可能的。

　　那些案例，都不是「假設的狀況」，這些案例，都是實實在在的「現在進行式」，並且這樣的案例也絕非特例。只要肯做，你就會成為這種案例的主角，從原本自認為與千萬富翁無緣的人，晉升為擁有很多房子的千萬富翁。

　　在房產界中，有所謂一條龍式的服務，我認為，如能將以下五個環節串起來，可稱之一條龍式的服務：

## 一、幫你買到低價的房子

　　請注意，所謂買到低價不是指「廉價」，而是指比市價低的「好」房子。

## 二、幫你爭取到最有利的貸款

　　所謂最有利，不單只是幫你爭取到最高額度核貸，也包括幫你做適當的貸款分配。

　　我主張，不需要貸的錢，貸再多只是增加利息負擔。但當有明確投資標的時，用低利貸款絕對是最好的選擇。

## 三、幫你做重新整理

　　價格取決於價值，價值的認定來自於專家的重新包裝。好的房子經過專家的適當妝點，其帶來的價值轉換不是只有千元、萬元，透過適當的包裝，可以讓房子有幾十萬的新增價值，房屋出租也更有賣相。

## 四、幫你快速地出租

　　因為稅務的問題，我們也不鼓勵買屋者做短期炒作，既然是自己的房子，也讓我們體會一下手中有房子的感覺吧！

　　房子可以在身邊放個兩年、三年或更久也可以，只要相信選定的物件，都有長年看漲的價值。在這期間，

則透過出租，為屋主帶來每月的收益。

至於如何找到好房客，也是一種專業喔！

## 五、幫你用最好的價格售出

投資房子，不是為了要自住；投資房子，是為了要創造財富。

以投資一間房子的基本循環來說，其最後一個步驟，就是用最好的價格售出。透過專業團隊，可以讓投資人手中同時擁有不同物件，最終的目標，讓這些物件用讓屋主滿意的價格售出。

以上就是一條龍式的服務。

透過這樣的服務，我們可以為不同背景、不同狀況的客戶，透過房子做最佳的理財。

以下，是一個公車司機的案例：

呂先生的情況，他是個公車司機，月收入 55,000 元，他自己原本就有棟房子，這棟房子是家族贈與，他不用繳房貸，但這房子可以做為他買屋增貸之用。

這位司機先生，他也是買了兩棟房子，手中共有三棟房子。他的狀況分析：

## 一、上城社區

房子原價 682 萬，透過專家協助，貸到七成多，核貸了 477 萬。（三成的部分，就以原來房屋增貸的資金來支付，682 萬—477 萬＝ 205 萬）

採取前三年只還利息，暫不還本金的方式，每月應繳的貸款：

477 萬 X 2.2% ／ 12 ＝ 8,745（每月應付利息）

## 二、綠意心賞

房子原價 965 萬，透過專家協助，貸到了 680 萬。（三成的部分，就以原來房屋增貸的資金來支付，965 萬─680 萬＝ 285 萬）

採取前三年只還利息，暫不還本金的方式，每月應繳的貸款：

680 萬 X 2.2% ／ 12 ＝ 12,467（每月應付利息）

## 三、每月負擔及報酬計算

負擔計算：

呂先生每月也是要負擔三筆貸款：

上城社區的每月貸款：8,745 元

綠意心賞的每月貸款：12,467 元

用原本自家房子增貸：

205 萬＋ 285 萬＝ 490 萬，當時還預留一些整修及雜支費，共增貸 550 萬。

550 萬 X 2.2% ／ 12 ＝ 10,083（每月應付利息）

以上三筆貸款加總＝ 31,295 元


收入計算：

經過專家協助整理以及做出租規畫後，

上城社區每月收租：18,000 元

綠意心賞每月收租：22,000 元


以上收入總共 40,000 元


所以租金減掉每月貸款：

40,000—31,295 ＝ 8,705


什麼？呂先生明明已經買了兩間房子。他的同事們都說，呂先生瘋了，這下子他每月的房貸一定壓到他喘

不過氣來了吧！

　　但結果卻是，呂先生不但每月一毛錢房屋貸款支出都不用擔心，並且還「淨賺」8,705 元。

　　這讓他同事們都跌破眼鏡，原來，投資買房子，不用擔心貸款，還有額外收入啊！

　　是的！這也是我這幾年來輔導過許許多多客戶，他們最初的反應。

　　只有當轉變成有錢人的腦袋，才會覺得，透過投資會賺錢，一點都不奇怪。

## ■結論分析：

### 一、有了房子，你的理財彈性就變很大

　　從本案例以及上一篇的案例就可以看到，如果說原本沒有資產，要投資時只能一次一間慢慢來，那麼，原本擁有資產的，則可以有更大的彈性空間。

　　不同於過往人們的錯誤觀念，那時候他們總以為，手中已有房子，所以再沒有「貸款空間」了，本書要你改變思維，要想成：手中已有房子，所以我可以用更大

的「貸款槓桿」。

　　從害怕銀行、將銀行當成討債主的觀念，到把資產當成槓桿，把銀行當成操作槓桿的管道，這種轉變，就是從平凡人轉變成有錢人思維的轉變。

## 二、投資房子，人人都做得到

　　投資房子，真的不是只有那些企業家老闆或者高階經理人、醫師、律師等專業人士才做得到。從本案例你可以看到，原來一個月收入 5 萬多的司機，同樣可以在專家指引下，投資兩、三間房子。

**呂先生的心聲：**

真的只能說，太神奇了。我原本只是個不擅理財的藍領階級，任何人看到我絕對不會和理財達人或者千萬富翁畫上等號。但如今，透過正確理財，我手中已經擁有很有價值的物件。

伴隨著桃園市這幾年的更加繁榮，我手中的房子價值只會更加上升，而我能在短短不到五年時間裡，讓自己擁有更多的收入。

投資房屋，不用被職業自我設限，只要透過正確理財，你也能像我一樣，成為「千萬」公車司機。

# 買屋是最佳理財工具，比買股票更能掌控風險

透過前面四個案例，相信許多讀者已經大開眼界。

原本認為自己沒有自備款不可能買房子，現在知道，原來透過專業理財規畫，沒有自有資金同樣可以房屋理財；原本已經背負房貸認為無力負擔新房貸，現在知道，原來透過房屋槓桿，其實不但可以繼續透過房子理財，連原本的房貸負擔煩惱也一併解決掉。

現在，我們再來提供一個進階的案例。

當手中有更多的資金，那麼房屋可以讓一個人更快速穩定的累積財富。

特別是對於一個原本已經擁有較豐富理財經驗的人來說，他更可以看出，在所有理財工具中，投資房屋真的是最有勝算的選項。

來看看以下的案例：

### ■買屋實例

購屋者：科技公司邱董事長

購屋日期：2015 年

購屋標的：買了六個物件

　　邱董事長是個事業有成的企業家，買房子對他來說，當然沒有什麼問題。對邱董來說，買房子要評估的，不是可不可以貸到款，而是在和各種理財工具相比之下，同樣的資金，他該放在什麼地方，才能帶給他最大的收益。他後來選擇的最佳理財作法，就是買房子。

　　我們以下列出這六棟房子的成交價格，以及貸款金額。邱董雖財力豐厚，但因為短時間內購買六棟房子，每棟房子的貸款成數只有七成。

　　但儘管只有三成的貸款槓桿空間，邱董仍因此有了不錯的獲利：

| 物件 | 房屋成交價 | 貸款金額 |
|------|-----------|---------|
| 鴻築由心物件一號 | 880 萬 | 640 萬 |
| 鴻築由心物件二號 | 893 萬 | 653 萬 |
| 國際村 | 800 萬 | 560 萬 |
| 風尚二期 | 859 萬 | 562 萬 |
| 中國江山 | 815 萬 | 551 萬 |
| 天下大觀 | 798 萬 | 558 萬 |

邱董買了六間房子，房屋總金額是 5,045 萬，他貸款的金額是 3,524 萬。

5,045 萬—3,524 萬＝ 1,521 萬

這 1,521 萬自備款就是邱董要投入的「投資本金」，邱董貸款 3,524 萬，以 20 年房貸利率來計算，邱董不用前三年只繳利息的方式，他直接用二十年分期來計算，那他每月要繳的房貸償還金額是 18 萬 5 千元。

假定以投資兩年來計算，這兩年的房貸繳款金額是：

185,000 X 24 ＝ 4,440,000

　　這 444 萬元加上原本自備款 1,521 萬＝ 1,965 萬

　　這將近二千萬就是邱董的總投資金額。

　　由於買房子會需要一些行政作業雜支，因此我們在此也把這筆 1,965 萬，加上雜支直接算成 2,000 萬。

　　假定，邱董在一開始把這筆本金，投入在不同的理財標的，之後會發生怎樣的狀況呢？

### 一、假定 2,000 萬元投入股票

　　2,000 萬是筆很大的數字，但在股市裡卻也不算是大戶。

　　2,000 萬元買入單一股票（主要是指股價比較低的小公司股票），或者可以帶來一些影響力，但不至於帶來什麼決定性作用。2,000 萬若分散買不同股票，則更是不會有什麼影響力。簡言之，2,000 萬投入股市，主要還是看大環境影響，如果「判斷正確」，也許可以「每支股」都買對，因此支支上漲，支支獲利。但如果判斷

沒那麼正確，那情況可正好相反，不賺反賠了。那假定我們用中庸一點的假定，就說邱董買股有賺有賠，那這2,000萬元，兩年後可以帶來多少報酬呢？

保守估計，能夠有10%就是不錯的獲利了。也就是這2,000萬的股票，後來市值變成2,200萬。

## 二、假定2,000萬做生意

2,000萬元當然可以開公司做生意，特別是像邱董這樣的企業家，用2,000萬來投資事業也是不錯的選擇。但我們來分析，邱先生本身已經是生意人了，除非他的科技公司有新的技術突破，需要一筆資金帶來決定性影響，否則，此時再投入資金，沒什麼意義，只會讓自己所有的資金都放在同一個籃子裡，這不符合避險原則。

但若投資在其他生意，那麼輸贏就不一定了，邱董雖然這家科技公司做得很成功，但不代表他投資其他事業就會繼續成功，多的是有企業家在某行獲利豐厚，但改投資其他生意（諸如開餐廳或開另一間公司），後來獲利卻不如預期的案例。

　　總之以風險分散原則來看，邱董本身已是企業家，這筆資金最好拿來做理財規畫，而不是全部投入生意。

### 三、其他投資

　　2,000 萬若拿來放定存，利率並不好，特別是現代各國降息已是趨勢，許多國家都還是負利率，存定存不但沒利息，還要付管理成本。

　　2,000 萬買基金、買保險，事實證明，其獲利率都還比不上通貨膨脹率，也就是說 2,000 萬的價值，在兩年後只會更低不會更高。

　　至於其他高風險性投資，賭博不用說，完全不列入選項；購買期貨、衍生性商品等等，首先，邱董的心臟要夠強，才經得起那些高低起伏劇烈的數字，而就算每天提心吊膽，也不保證最終結果是邱董滿意的結果，總之風險非常高。邱董已經是有一定資產的人，為何不找個安心的理財方式，而要用那些高風險的投資來折磨自己？

## 四、最終，還是來看房屋投資

終於，邱董決定把 2,000 萬用來做購屋自備款，在經過與我們討論分析後，分別以自備款加貸款買了這六個物件。

現在我們來計算他的報酬。

### 1、這六棟房子：

前兩年只租不賣，透過我們的專業團隊，我們幫邱董都找到不錯的好房客，每月可以為他帶來 11 萬的租金收入。（以另一個角度說，邱董每個月負擔的貸款金額是 185,000—110,000 = 75,000，對他來說是很小的開支。）

由於我們之前已經直接將每月償還貸款共 444 萬，直接列入 2,000 萬成本裡，因此現在每個月的租金收入都算收入，兩年的淨收入就是：

11 萬 X 24 = 264 萬

## 2、兩年後：

第一、因為邱董買的六個物件都位在捷運綠線沿線，從買的時候到現在，房價已經明顯上漲。

第二、我們當初協助邱董買房子時，都已低於市價的行情，聰明買到。也就是說就算將來最糟的情況，我們也至少也可以已等同於市價賣出。

以現有的市值計算，當初邱董買的房子總金額是5,045萬，現在已經價值至少5,500萬。

目前邱董仍持有那六棟房子，並不打算賣出，因為他知道整個桃園市隨著經濟繁榮，房價還有很大的上漲空間。但僅以他目前手中的物件，假定一周內賣出，保守估計，他可以獲利至少500萬。扣掉房地合一稅後，以及假定各項雜支成本，他至少還可以有350萬淨值。

以兩年投資來計算。

邱董當初投入2,000萬，但兩年後可以回收：

264萬（租金）＋350萬（當初房屋買價減掉後來房屋售價扣稅後的淨值）＝614萬

這只是保守估計，由於邱董決定繼續持有房子，若以三年後、五年後來計算，邱董將獲利更多。

各位不妨想想，還有什麼其他投資可以比這獲利更高？投資 2,000 萬，兩年後最少可以獲利 614 萬。

也就說當初原本戶頭裡有 2,000 萬，現在把錢丟出去投資，之後再全部收回，目前戶頭裡變成 2,614 萬。

這就是有錢人的思維方式。

## ■結論分析：

### 一、房屋是最棒的投資工具

當我們放開格局，完全把房子當成投資工具，我們將會發現，房屋真是最棒的投資標的。當我們手中有越多的資金，就越適合把房子作為投資標的，當比較的基準物件越多，你會發現獲利的金額非常驚人。

所以我說，如果一個人想要五年內要成為千萬富翁，最基本的方法，就是每年購買二個對的房屋物件，這樣持續五年。保證五年後可以成為千萬富翁。

以本案例來說，六個物件，兩年內的獲利就已超過 600 萬。若是五年共十個物件，要獲利千萬絕對沒問題。

## 二、房屋是最可以信賴的投資標的

對一個有錢人來說，也許 2,000 萬他可以負擔，但就算是有錢人，他也很珍惜他的每一分錢，因為這些錢也都是當初創業辛苦賺來的。所以若 2,000 萬在股海裡消失，或者其他投資失利，對他們來說也是很心疼的事。不論對誰來說，能有一個穩定安全的投資標的，仍然是基本的要求。投資房屋進可攻、退可守的特色，是所有行業不論是老闆或一般上班族都歡迎的理財工具。

## 邱董事長的心聲：

在生意場上打滾多年，我見過許許多多的大風大浪，這世界上少有百分百安全的投資標的。但以我多年的觀察，房屋投資是所有投資選項中最安全可靠的。

我的所有企業家朋友，不論個人的理財風格如何，房屋絕對是他們最基本一定要的投資項目。房屋可以短、中期投資，也可以長期擁有，作為傳承子孫的家族資產。

我以企業家的眼光，鄭重推薦，買房子是對一般人來說，很適合的選擇。也是一個可以由貧轉富的重要關鍵。當然，買屋還是要找到專家協助，有了專家的輔導，投資就更十拿九穩了。

這是我給所有尚未懂得投資房屋好處的人，一個誠心的建議。

## 買屋絕非「不可能的任務」。案例六
# 追求財富自由，可以專心房屋投資事業

　　當你走進房屋投資的世界，你將會發現，原來這真的是個讓你處處驚嘆的世界。如果早一點投入，你可能早已經是千萬富翁了。

　　當然，每個人的成長背景、工作環境以及理財觀念不同，不可一概而論。我們也不鼓勵大家什麼事都不做，只做房地產投資。我們認為，這社會需要不同的專業，每個人從事不同的工作，可以滿足社會各種需求，不論是擔任上班族、農夫、司機、工程師或者演員，這社會需要各式各樣的人。而房屋投資則是讓你有個財富保障，並且可以累積財富，讓自己可以有更多財富自由，享受更充實的生命。

　　本篇舉的案例，讀者不一定要學習。這是一個原本是上班族，後來直接辭職，現在專心做投資理財的案例。

　　這個案例的一大特色，就是他也是不用自備款就可

以買房子。並且他不是買一棟，也不是買兩棟，而是買了八棟。

再次強調，我們沒有鼓勵讀者一定要和他一樣，本案例的主人翁，因為真的太喜歡投資房屋這件事了，所以想選擇這件事作為終身工作。

以下是他的案例：

## ■買屋實例

購屋者：廖先生（原來在科技公司上班，後來辭職專心做投資人）

購屋日期：2014 年

購屋標的：買了八個物件

前一篇舉的案例，邱董買了六棟房子，讀者可能會說，那是因為邱董很有錢，可以那麼大手筆，對於一般人來說絕對不可能。

但本案例要告訴你，就算是一般人也可以做這樣的房屋投資。本案例的主人翁，本身只是個上班族，而

且他並沒有準備自備款，但他卻可以購買八個物件。關鍵在哪呢？關鍵在如何抓住房屋市場價與實際買價的差距。

其實房屋買賣是一門學問，本書談了許多的基本原理，至於更深入的房屋買賣祕訣，要透過和專家們合作，不是單靠書本就可以做到的。

廖先生也是透過經常和我們學習，花更多時間追求物件，所以可以抓住另一個房屋致富的祕訣，那就是：

**房屋的市場價值與房屋的成交價值不同，**

**銀行鑑價的依據是市場的真正價值，**

**當一個房屋投資人，能夠看出房屋真正價值，**

**以低於市場價購入物件，**

**那他就能賺取很大的房屋價差。**

舉個簡單的例子吧！

江蕙小姐是臺灣的歌唱典範，她的演唱會也獲得高度肯定。假設她的演唱會普通座位門票是 3,000 元，並

且這是大家公認的行情價。現在，有一個朋友因為臨時有事要出國，他把原本買的門票以 1,500 元賤售給你，那你要不要買？當然要買，以最保守估算，假定你不擅長銷售，只將這張票以原價再出售，那至少可以賣 3,000元，那就是 100% 獲利。如果你願意拿去網站銷售，由於門票早已賣完，因此絕對有許多人願意用更高的價格買你這張票，一張票 5,000 元、6,000 元都會有人買，甚至若有人喊到 10,000 元也不奇怪。

其實，買賣房子也適用這樣的觀念。

只不過，一般人自己買賣房子，比較難碰到這種機會，還是需要專家來協助。

**所謂買屋，**

**有一個「三達定律」。**

**當天時、地利、人和都到位時，**

**投資人就可以得到最高的報酬。**

## 一、天時

天時者，無法自己充分掌握的事，也就是要靠「機會」的事。

以前面買江蕙演唱會門票這個例子來說，就需要靠天時。因為不是你想要買到 1,500 元的低價票，就一定買得到，要剛好碰到有朋友要出國這樣的事才可以。

買房子也是如此，要能找到一個真正喜歡的物件，要能找到比市場行情低價，以及未來條件看好，但又可以讓你捷足先登買到的物件。

對於一個非專業人士來說，天時完全靠運氣，但對於像專業人士來說，可透過豐富的經驗，讓運氣的成分降到最低。

## 二、地利

對於房屋買賣來說，地利主要就是指銀行。

總和來說，地利就是指，當買了房屋後，可以協助你房屋買賣的事，包含：房屋仲介、代書、銀行，也就是說，當我們有了好的物件，但地利不能配合，好比說

沒有找到專業的房屋仲介或者專業代書，也許購屋的過程會讓你有額外損失。特別是銀行，如果找到對的銀行，可以用最好的條件提供你房屋貸款。

## 三、人和

終歸來說，買房子的人是「你」。

如果找到好的房屋物件，也有好的房屋仲介、好的銀行貸款團隊等等，但卻沒碰到對的人，也就是買屋的人本身條件很差，例如是銀行黑名單（那就算有再高明的房屋仲介也無力幫你爭取到貸款），或者對於理財觀念很差等等。

但我們相信，已經閱讀本書的讀者，都會是理財觀念不錯的人。

現在我們就來看廖先生的案例：

以下是他所買的八個物件，我們列出來的是他的房屋買價以及銀行的鑑價。要知道，銀行是最保守的，他們對房子的鑑價一定是以最安全、最不會有損失的方式

估價，因為一旦貸款人繳不出房貸，那麼該棟房子就是
銀行可以拿到的擔保品，所以銀行只會低估，不可能高
估房屋價值。

　　如果我們買了一棟房子，其購買價格居然比銀行做
的估價還低，那就表示，買這房子已立於不敗之地（想
想前面買江蕙票的例子）。

　　　　廖先生的八個物件：

| 物件 | 廖先生買價 | 銀行估價 |
|---|---|---|
| 新洋房 | 750 萬 | 1,000 萬 |
| 豐田大郡物件一 | 820 萬 | 1,050 萬 |
| 豐田大郡物件二 | 832 萬 | 1,050 萬 |
| 巴黎伯爵 | 918 萬 | 1,200 萬 |
| ROOM18 | 520 萬 | 660 萬 |
| 大興敦煌 | 948 萬 | 1,180 萬 |
| 中正綠園邸 | 832 萬 | 1,050 萬 |
| 臺北公園都市 | 745 萬 | 875 萬 |

這八個物件，廖先生的總購買金額是 6,365 萬

在銀行的估價，這八個物件總金額是 8,065 萬

8,065 萬—6,365 萬 ＝ 1,700 萬

廖先生放棄了科技公司的工作，專心研究房地產投資，買進了低於市價的八間房地產，一年多的時間，資產淨值已經增加了 1,700 萬之多。

你想要在半年內，賺到 1,000 萬嗎？在這個案例，廖先生就在一年多的時間內，資產淨值增加到 1,700 萬。

■結論分析：
## 一、眼光精準，獲利滾滾
以專業的投資角度來看，能夠找到低於市場行情價格的房屋，就可以掌握一個穩固的獲利空間。以本案例來說，銀行的總估價是 8,065 萬，也就是說，廖先生的這些房子，最糟糕的情況也能賣到這個價錢。因為銀行

的估價已經是最保守的了，以銀行的估價要賣出，在市場上絕對沒有困難。

重點還是在於如何做到眼光精準。以本案例來說，一方面，廖先生找到的是像我們這樣的專業團隊，二方面廖先生本身對投資房屋很積極、很熱情，配合度很高。這正就是典型的「天時、地利、人和」三達。

## 二、沒有不可能

這是本章的最後一個案例。六個案例所要傳達的共通一件事，就是「沒有不可能」。

不論你認為自己自備款不夠，或者覺得自己已經負債太多無法買房，或者覺得自己不懂理財。所有的藉口，在本章六個案例中，都可以找到可以推翻藉口的案例。

在本章的案例中，有的人只是家庭主婦，有的人只是個公車司機，至於本篇，則是一個普通的上班族，最後卻可以在一年多的時間內賺到千萬。

結論：買屋沒有藉口。打通你的觀念，確實去做，你就可以成為千萬富翁。

## 廖先生的心聲：

我在科技公司服務好幾年了，過往的觀念就是一個人要找一個穩固的工作，這樣才能過幸福的人生。就算那個工作你做得不快樂也是一樣，我就是這樣工作了好幾年。

但一年前我把工作辭掉了，並且我要驕傲的說，即便我「失業」了，我的收入也比同年紀的人高出很多，我的收入甚至比他們工作好幾年還多。我不是要炫耀，我只是想強調，若我們可以做到好的房屋投資，其收入是一般工作完全無可比擬的。

我很感謝能遇到像呂老師這樣的房屋投資專家，他們的專業團隊，協助我創造屬於我的幸福人生。

這是我的人生選擇，我相信，任何人一定也可以透過房屋，創造你的幸福人生。

第四章

**未來，
我最看好的地區**

曾經，你錯過機會，看著現在住在臺北東區的人，坐擁上億房地產，感到扼腕。

曾經，你沒做好理財，幾年時間過去，同事們已經財富翻倍，但我存款仍和五年前一樣。

人生是條長長的跑道，過往的錯，只要矯正，還是可以迎頭趕上成為富翁一族，為自己立下一個五年後要變成千萬富翁的誓約吧！

現在就可以開始做。

未來我最看好的地區，也是全臺灣目前房地產最有希望大幅增值的地區，就是桃園市。

不論在地人要買屋置產，或外縣市要來此投資當包租公，2016～2017 年是個關鍵投資年，錯過了，要再等其他機會，那就可惜了。

**桃園市重大工程紛紛啟動了，位在機場國門後這個充滿榮景的美麗世界，也是我們可以為自己打造千萬富翁美夢成真的世界。**

本章，就為你分析這個美麗世界。

桃園起飛，投機掌握時機的叮嚀 1

# 所有利多齊聚的寶貴機會

　　在臺灣，提起桃園，什麼是獨一無二的？

　　機場是獨一無二的。臺北有松山機場、高雄有小港機場，但都只是地方性機場，屬於臺灣通往國際、也就是臺灣與世界接軌的重要渠道，國際機場現在只有一個，未來也只有這一個，這就是位在桃園市大園區的「桃園國際機場」（舊稱中正國際機場）。

　　提起桃園，什麼是獨一無二的？

　　機會是獨一無二的。桃園發展的機會，所有頂尖條件聚集，前景無可限量，這樣的機會，放眼全臺灣，唯有桃園具有這樣十全十美的好機會，讓我為你分析：

## 一、建設發展

　　建設是縣市政府發展的命脈，各縣市鄉鎮都在建設，但全臺灣目前最令人矚目的建設，主要發生在桃園。

以機場為中心，要發展成航空城，這個口號喊了好多年，如今也已一步一步落實。特別是在升格為六都，首任市長鄭文燦上任後，積極進行地方意見公聽會，建立共識，將過往的爭議一一排除，加快計畫進程。

　　航空城計畫，已經成為臺灣最重要的旗鑑計畫。「擬定桃園航空城特地區計畫」已於 2013 年 12 月 30 日經內政部都委會審議修正通過，於 2014 年開始區段徵收工作、基礎建設工程，在 2016 年產業專用區已可先供規畫使用，全案預定於 2023 年完成。

　　除此之外，桃園各個地方建設發展計畫，包括觀光發展、商圈營造都按部就班、穩紮穩打的進行著，原本已經是重大都會區的桃園，發展快速，在六都之中表現最為亮眼。

## 二、交通建設

　　在所有桃園發展亮點中，最受到國人矚目的，絕對是大桃園捷運線。

　　目前全臺灣捷運運用最普及的城市是臺北市，可以

說臺北捷運改變了大臺北區（包含臺北市及新北市）多數人的生活習慣。搭乘捷運已成為市民最重要的交通方式，影響所及，所有和捷運相關的據點，無一例外，周邊房價一律上漲，差別只是上漲幅度多寡而已。

另一個有捷運的都會是高雄市，至於臺中市的捷運則尚在進行中，下一個即將發光發熱的捷運重鎮，就是桃園了。

桃園的捷運線規模宏大，比高雄的捷運路網涵蓋更全面，並且比起高雄捷運，桃園捷運最大的優勢，就是這裡連結已經運量活絡、每日搭乘人數超過百萬的臺北捷運，將整個路網與大臺北路網結合，成為一個北、北、桃綜合捷運大路網，其影響力將涵蓋超過五百萬人口的區域範圍，帶來的經濟發展綜效，絕對是全臺灣最被看好的發展重點。

## 三、人口增長

以整個臺灣來看，現今的臺灣朝高齡化邁進，人口成長趨緩，不婚族越來越多。

但以個別縣市來看，桃園則是一直呈現成長的狀態。特別是當許多縣市鄉鎮人口萎縮時，桃園卻逆勢成長，人口密度每平方公里超過一萬人。

依照內政部的統計數據顯示，2015 年以來，六都的淨遷徙人數僅有桃園與臺中連續七個月都呈現正成長，顯示這兩個地方最受民眾青睞。以 2015 年的數據來看，桃園市平均每個月遷入三千七百人；到了 2016 年，這數字只有更多不會更少，光以 2016 年前四個月來看，總遷入人數已經將近兩萬五千人，每月平均超過六千人。

所謂人潮就是錢潮。桃園的發展商機亮麗可期。

綜觀桃園發展，如今為何會成為全臺灣第一的投資亮點呢？

人往高處爬，水往低處流，桃園絕對是個「高處」。從各項利多來看：

## 一、桃園基礎就業力

桃園的經濟驅動力，來自於這裡豐盛的就業機會。

這裡的工廠多，就業機會寬廣；這裡的建設多，帶動各種新商機。而多項服務帶來人潮，人潮又帶來更多就業機會，於是形成一種正向循環。

## 二、桃園位在繁華邊緣

大臺北市區是全臺灣最繁榮的地區，但缺點是這裡房價高，且對許多人來說太過擁擠。相對地，桃園地區房價比較親民，但交通上又離大臺北很近，當捷運建設網完整後，交通時間將大幅縮短，可以白天到臺北上班，晚上下班一小時內就回到家，這讓桃園居更具備強大的魅力。

## 三、桃園的休閒力

都市為了發展，不斷建設是必然的。但往往經濟發展會帶來環境上的負面影響。在桃園的建設發展，政府已經注意到這樣的問題，並且提出具體改善措施。在軟實力方面，桃園也頗有可觀，在文化上，圖書館不斷擴充，也積極舉辦各類藝文展覽及親子活動；老人關懷方

面，也推出多項措施，鼓勵老人安家；節能減碳更是桃園市府的政策之一，桃園市規畫的發展願景，就是建立一個低碳產業環。整個的大桃園發展，就是經濟建設與休閒綠能兼顧，是最適合居住的典範。

## 四、商業圈帶動地方熱絡

以買房子來說，經濟發展和交通建設是重要關鍵，這在桃園已經是現今的最大亮點。此外，商圈的發展，則是直接促進房價的重要推手。桃園市政府積極推動各項商圈，並且打造智慧科技融合特色商圈的計畫，更且還將環保綠能結合，創造三生一體的綠循環。所有以上所列，都將帶來桃園繁榮的未來。

桃園商機無限，房地產榮景也精采可期。

可以見到的發展，包含機場周邊的青埔商圈、優良市集營造計畫、各個觀光工廠及文化館的設立、各種主題館的設立、桃園各區特色商圈經營，例如大溪豆乾產業圈等。展開桃園的未來，就是一頁頁美好的藍圖。

　　並且，現在進駐時機正好，一切建設都尚在進行中，如果等所有建設都已經完竣，那時再進場，早就被別人卡位了，錯過最佳投資時機。

　　最後，欣迎 2016 年新總統就任，桃園市長鄭文燦先生也提出了他對桃園市政發展的計畫，市長的所有計畫也都印證了桃園房地產的榮景。

　　鄭市長說，他將全力推動「亞洲矽谷」，驅動臺灣下一個世代產業發展引擎。

　　「亞洲矽谷計畫」是蔡英文總統所提出的「五大創新研發計畫」重要關鍵，選擇以桃園為基地，是因為桃園充滿高度發展潛力，特別是交通、人口、區位及產業的四大優勢。

　　鄭市長表示，桃園的「交通優勢」在於，桃園國際機場與臺北港的「雙港優勢」，海空聯營所帶來的「雙港效應」。而桃園的「人口優勢」，則是平均年齡 37 歲的市民，是六都最年輕的城市，境內有 17 所大專院校，而且房價、物價與雙北相較，也相對較低，讓桃園成為吸引年輕人落腳的首選。

他還說，桃園的「區位優勢」是，桃園北鄰臺北政經中心，南接新竹科技廊帶，距離亞洲各大城市約三小時航程，能夠迅速連結重要產業據點。而更重要的，桃園是臺灣的產業首都，有極具爆發力的「產業優勢」，約 3.2 兆的工業產值，連續十三年全國第一，市境內共有二十九個工業區，也是臺灣最大的產業聚落。

「亞洲矽谷計畫」中，核心的「創新研發人才交流中心」預定將設置在機場捷運 A19 站（桃園體育園區站）的文中三停車場，「世貿會展中心」基地則在對面，附近有深受國人歡迎的桃園國際棒球場，施工中的「冠德購物中心」也緊鄰此地。

鄭市長也直接提及捷運建設，他說「亞洲矽谷計畫」前期所需土地及都市計畫變更，由桃園市府進行，而「創新研發人才交流中心」和「世貿會展中心」，則須由桃園市府與中央共同合作開發。鄰近星級飯店等商業設施將採設定地上權方式，開放招商、吸引投資。會選擇 A19 站周邊，一方面是因為有 8.44 公頃的足夠基地，二方面也是避免 A18 站（高鐵桃園站）未來商業區發展

成熟，預計人潮更將湧現，設於副車站，有助紓解人潮。而未來如成功將矽谷、桃園及臺灣研發能量連結，將為產業轉型帶來強大動能。

其他，鄭市長還表示，原本榮民化工廠的舊址，將打造為「楊梅幼獅國際青年創業村」，共計 11.45 公頃的基地，將成為研發型工廠，提供年輕人創業研發空間，給青創更多鼓勵，打造臺灣下一個世代產業的合作平臺。

這是桃園市長的施政決心，也更加確保了桃園發展的榮景。

看到這裡，想要投資的朋友還要再心存觀望嗎？

曾經錯過的，不要再一次錯過。掌握桃園發展契機，現在投入桃園房地產，正是時候。

## 桃園起飛，投機掌握時機的叮嚀 2
# 捷運綠線，牽動一系列的繁榮燦爛

　　捷運建設帶來周邊榮景，這已經不是新聞，而是常識。重點只在於如何抓住最好時機，而現在就是最好的時機。

　　許多人都知道，捷運一蓋，商機就來，但時機難以拿捏。以臺北為例，有的路線喊了多年，後來計畫變了又變，讓人無所適從，曾有人錯估捷運開工時間，投資開店，結果面臨捷運施工黑暗期，苦撐一年，人潮沒來，店已經無法再撐下去。

　　桃園捷運計畫，同樣也是喊了多年，許多路線現今也尚未正式定案。但基本上有兩條線已經確定，其他路線也變數不多。

　　以穩紮穩打起見，最保無一失的是兩個投資標的線：就是捷運綠線和捷運紅線。

特別是捷運綠線，更是處在最佳投資時機。

捷運綠線，現在已被正式定名為「桃園航空城捷運線」，光看名稱就知道，這是一條非常有影響力的路線，對外直接成為連接臺灣與世界的動脈，對內則是整個桃園捷運的起始路線，往內不斷延伸，最遠直通大臺北各大據點。

捷運路線之所以不能立刻定案，是因為捷運施工牽涉到的環節很多，包括土地徵收、地方環評等，任何一個環節出狀況，可能就會帶來地方抗議，帶來延誤。捷運綠線則已經擺脫這些狀況，其環境影響說明書已經在2014年奉環保署核定，綜合規畫報告也已經在2016年3月獲得行政院國家發展委員會通過。

捷運路線，直接影響到四個都市計畫，包括八德大湳、桃園區、南崁新市鎮及大園菓林，可說是規模空前。在所有的評估因素皆已考量過後，綠線將正式施工運作。桃園市政府對這條路線非常重視，因為這條線整合相關重大計畫與規畫，符合桃園都會區願景，在整個桃園捷運「目字型路網」主架構中，綠線路廊在桃園都會區整

體路網中，因符合都市空間發展結構，為整體路網中可與重大建設及其他交通建設期程上結合的優先計畫，因此被列為桃園都會區捷運路網中，應最優先推動的捷運路線。

簡言之，這是一條處在「現在進行式」的路線，這是一條正積極發展中，只要跟進就可以抓住投資契機的重要路線。

## ■捷運綠線（桃園航空城捷運線）：

本路線北自航空城特定區，行經桃園市大園區、蘆竹區、桃園區與八德區等四個區域，提供桃園都會區東側主要廊帶的交通運輸服務。路線全長約27.8公里，共設二十一座車站（地下車站十座與高架車站十一座），在綜合規畫報告核定後八年，也就是從2016年起算，預計2024年陸續通車。

依照臺北捷運的經驗，在陸續施工階段，周邊房價將逐步上漲，若等到施工完成再進場，已經漲到高點，那時就太晚，因此現在正是進場時機。

以下列出捷運綠線，沿途各站的介紹：

| 車站 | 位置 |
|---|---|
| G01 | 位在八德區擴大都市計畫區建德路與興豐路口附近 |
| G02 | 位在八德區六號生活圈道路與建國路路口 |
| G03 | 位在八德區介壽路二段麻園地區 |
| G04 | 位在八德區介壽路一段與和平路路口附近 |
| G05 | 位在八德區介壽路一段與忠勇西街路口附近 |
| G06 | 位在桃園區介壽路一段與介新街路口附近 |
| G07 | 位在桃園區延平路桃園火車站 |
| G08 | 位在桃園區中正路永和市場前 |
| G09 | 位在桃園區中正路與民光路路口附近 |
| G10 | 位在桃園區中正路與大興西路路口附近 |
| G11 | 位在桃園區中正路與南平路口附近 |
| G12 | 位在桃園區中正路與同安街交叉口附近路外農業區用地下方 |
| G13 | 位在蘆竹區中正北路與南竹路路口附近 |

| G13a | 位在中正北路與蘆竹街交叉口附近 |
|------|------------------------------|
| G14 | 位在蘆竹區南崁路二段與長興路交叉口 |
| G15 | 位在大園區航空城計畫航空產業區新闢道路 |
| G16 | 位在大園區航空城計畫航空產業區新闢道路 |
| G17 | 位在大園區航空城計畫航空產業區新闢道路 - 西側 |
| G18 | 位在大園區機場聯外捷運（藍線）A16 橫山站附近 |
| G31 | 位在大園區三民路二段與坑菓路口附近 |
| G32 | 位在蘆竹區坑口村機場聯外捷運（藍線）A11 坑口站附近 |

（參考資訊來源：桃園市政府捷運工程處）


　　捷運綠線不只本身已經確定將執行興建，並且依據桃園市政府捷運工程處的資料，可以看出綠線尚有對外發展計畫：


## ■捷運綠線延伸中壢：

　　本計畫規畫由航空城捷運綠線 G01 站（八德區建德

路及長興路口），經由中壢區中山東路轉龍岡路至中壢火車站，全長約 8 公里，共設置六個車站，本計畫已於 2015 年 12 月 9 日完成可行性期中報告，2016 年 6 月完成可行性期末報告，預計 2028 年陸續通車。

## ■捷運綠線延伸大溪：

本計畫路線自桃園捷運綠線 G01（八德區建德路及興豐路口站）延伸至大溪埔頂，本計畫正辦理可行性研究期末報告階段，在 2016 年就完成可行性研究。

## ■三鶯線延伸八德段：

本計畫規畫由臺北捷運三鶯線鳳鳴站起，以高架方式沿生活圈六號道路，經八德非都市計畫農業區，銜接至八德捷運綠線 G04 站，長約 4 公里，設置兩站。也是在 2016 年就可將本計畫可行性研究報告書送中央審查，預計 2029 年陸續通車。

從捷運路網圖可以清楚看出，在整個桃園捷運網中，綠線可以說是一條貫穿桃園的主要命脈。

這條線從北往南，最北就是桃園航空城計畫區，並且連結桃園機場聯外線，可直接通往新北市，往南則經過桃園市最繁華的幾個地區。

捷運綠線沿線都將是精華地段，其中我第一推薦的三個點，分別是：G10、G11及G12，其次要推薦的點則是G4。

從路網圖上可以看得出來，G10、G11、G12這三站，就是位在桃園市多功能藝文園區（俗稱「中正藝文特區」），這個區段有多重要呢？這地區有「桃園的信義計畫區」之稱。

想想看，當年臺北市東區還沒發展起來的年代，當時如果有人在東區買房，到後來都一定成為千萬乃至於億萬富翁，如今臺北東區發展出全臺灣最繁榮的信義計畫區，是標準的黃金地段。現在回頭來看，桃園市中正藝文特區，被稱作桃園的信義計畫區，可知道這裡多麼有發展前景了。

位在中正藝文特區的這三站，不只本身處在精華地

段，並且也都肩負交通轉運的重要關鍵位置。G10 站，未來計畫成為捷運橘線的轉乘站，G12 站未來則計畫與南崁計畫區結合轉乘，G11 本身雖未直接和哪個交通結合，但位在精華地段中心區，往上、往下各連結 G10 及 G12 這兩個重要的轉運點。

三站連成一線，其帶動的正是一整條線的繁華。依照過往大臺北捷運的營運經驗，所有和轉運站共構或有轉乘功能的捷運站，絕對會發展成一個重要的商圈，帶動周邊都市繁榮及房價成長。

除此之外，特別推薦此區的原因，還包含文化因素。大桃園地區捷運的發展，已經和大臺北地區捷運發展，相隔了一定的時間，現在的時代背景又更加不同。比起當年大臺北捷運發展的年代，現代人更重視的是休閒、生活、綠能等議題，而不是一味地關心經濟發展。

以此角度來看，雖然整體大桃園捷運正如火如荼的發展，當中也經過許多的商圈，但對於位在中正藝文特區的 G10、G11、G12 來說，這裡不僅僅是商業發展，還多了「文化味」。

這區的公園綠帶多、學校多，環境舒適，桃園總圖書館也將落腳此處，未來將興建地下兩層、地上八層的建築物。樓地板面積將近 11,888 坪，除了有圖書館外，還有電影院、文創廣場、主題餐廳等，鄭市長已設定目標，希望該館在 2020 年中完工。這個兼具文化、娛樂及商業的地標，也為本區大大加分。

整個分析下來，G10、G11、G12 真正是發展亮點。

另一個也可以作為投資重點的是 G4。位在桃園市八德區的 G4，未來計畫與臺北捷運三鶯線銜接轉乘，是通往大臺北的重要交通點。而 G4 本身所處的八德，這裡是捷運綠線另一個非常受到重視的開發點，包括八德擴大重劃區，以及連結到廣豐重劃區、桃園後站開發案，作為大桃園南部重點發展區，前景亮麗可期。

桃園起飛，投機掌握時機的叮嚀 3

# 捷運紅線及其他桃園捷運路線

　　捷運紅線是屬於臺鐵高架化計畫的一部分，全名叫做「臺鐵都會區捷運化桃園段高架化建設計畫」。依照原本計畫，這條線由鶯歌鳳鳴至桃園平鎮環南路止，總長 15.95 公里，其間共設置鳳鳴站、桃園站、中路站、永豐站、內壢站、中原站及中壢站等七座高架車站。

　　但其實由臺灣鐵路管理局興建中的臺鐵捷運紅線，屬於臺鐵捷運化區間，並非中華民國《大眾捷運法》所定義的「捷運」。然而桃園市政府基於此區間運輸功能與捷運相仿，仍將它視為桃園捷運路網的一部分。

　　2015 年 10 月 14 日桃園市政府市政會議通過「臺鐵都會區捷運化桃園段地下化建設計畫」可行性研究專案報告，可行性報告指出鐵路地下化方案可行，總經費1,032 億元，較高架化約多 600 億元，工期多 3 年。鐵路地下化能創造都市發展的龐大附加效益，而地下化的

經費與工期，都在可以接受的範圍內，因此會盡快以此版本為基礎，和交通部協商，早日達成共識並核定計畫。也就是說，將來紅線會朝地下化發展，並且有機會創造更多商機。

## ■捷運紅線的各站位置：

| 車站 | 位置 |
|------|------|
| 桃園站 | 桃園車站原本站址 |
| 中路站 | 國際路一段與宏昌十三街交叉路口附近 |
| 永豐站 | 永豐路旁，近中華路 |
| 內壢站 | 內壢車站原站址 |
| 中原站 | 位在忠義路旁 |
| 中壢站 | 中壢車站原站址 |

（參考資訊來源：桃園市政府捷運工程處）

其實光看這些站名，就知道其代表很大的影響力。

　　過往尚未有捷運規畫前，桃園車站、中壢車站就是大桃園區最大的兩個交通要點，也是經濟發展重心，而沿路的楊梅、平鎮，也是過往縱貫線火車或省道的重要據點。

　　在未來桃園捷運路網中，捷運紅線扮演關鍵角色，因為這條路線通過桃園與中壢精華地段，牽涉範圍最廣，受益民眾最多，改善情況也最明顯。

　　桃園的其他捷運線路，雖非我最優先建議的地區，但凡捷運經過的地區，也都是看好的。不過投資人在買屋前，還是要透過專業諮詢，評估不同地區的價位，並找出合適的切入點。

　　以下簡單介紹其他各線的發展情況：

## ■捷運藍線：

　　提起捷運藍線，要先提桃園機場捷運（簡稱機場捷運），其中主要貫穿桃園的部分，就是捷運藍線。

　　桃園國際機場，是臺灣的國門，若能建立完整的路網系統，就可以連結臺北市的捷運路線。原本交通部高速鐵路工程局主導的「臺灣桃園國際機場聯外捷運系統

建設計畫」，規畫聯外路線原長 35.7 公里，自臺北車站至桃園機場。由於政府計畫興建桃園捷運藍線，因此將兩條路線予以銜接，總長為 51.03 公里。其中「三重站—桃園機場—中壢」段工程及機電系統，已於 2006 年 2 月 27 日開工。

由機場聯外捷運系統連結到捷運藍線，將延伸至中壢車站，由 A21 站（環北站）起，沿中壢市中豐路南行，經中正路銜接至臺鐵中壢車站，沿線設置 A22 站（老街溪站）及 A23 站（與臺鐵中壢站共構）等兩座地下車站，總長度 2.06 公里，沿途重要據點包含桃園國際機場、高鐵桃園站及臺鐵中壢站，捷運藍線將加速航空城、高鐵桃園車站特定區及中壢都會區的都市發展。

A21 站（環北站）延伸至 A23 站（中壢車站）計畫，已於 2010 年 4 月 15 日由行政院核定通過，該工程區段標已於 2013 年 11 月 26 日完成招標作業，預計於 2018 年 6 月完工通車。

## ■捷運橘線：

橘線東端起自桃園大興路與桃林鐵路交會站，於大興西路與綠線 G10 站相交，續沿大興西路左轉國際路，再右轉文中路並以高架跨越二號國道，文中路一段進入中壢工業區。

續沿松江北路、松江南路轉吉林路，接中園路、中華路、延平路而行，並於環北路與藍線 B8（A21）站交會，再沿環西路、環南路與臺鐵捷運化（捷運紅線）平鎮站相交，續行環南路右轉中豐路直行。採高架跨越 66 號省道至平鎮山子頂地區，並保留續向南延伸服務龍潭地區的彈性機制。

由於目前捷運橘線尚處於規畫階段，非本書推薦優先購屋區段。

橘線車站依照捷運工程處資料，目前站區規畫如下（未正式定案）：

| 車站 | 位置 |
|---|---|
| O01 | 平鎮區中豐路山頂段、湧光路口附近 |
| O02 | 平鎮區中豐路南勢二段、中庸路口附近 |
| O03/R01 | 中壢區環南路、臺鐵交會路口附近 |
| O04 | 中壢區環南路、復旦路口附近 |
| O05 | 中壢區環西路、志廣路口附近 |
| O06/A21（B8） | 中壢區環北路、中豐路口附近 |
| O07 | 中壢區中華路、延平路口附近 |
| O08 | 中壢區中園路、南園路口北側 |
| O09 | 中壢區松江南路、安東路口附近 |
| O10 | 桃園區文中路一段 |
| O11 | 桃園區「擬定北二高內環線南桃園交流道附近地區定區計畫」50 公尺計畫道路。 |
| O12 | 桃園區「擬定北二高內環線南桃園交流道附近地區定區計畫」50 公尺計畫道路，公四、公五附近。 |
| O13 | 桃園區大興西路、永安路口西側 60 公尺計畫園道 |
| O14/G10 | 桃園區大興西路、中正路口 |
| O15 | 桃園區大興路與臺鐵交會路口 |

（參考資訊來源：桃園市政府捷運工程處）

## ■捷運棕線：

捷運棕線計畫由桃園火車站續向東行沿萬壽路走廊至臺北捷運新莊線迴龍站，以軌道運輸系統提供服務，可銜接桃園捷運與臺北捷運路網，同時提供龜山沿線地區民眾，往來桃園及臺北都會區之大眾運輸服務。

路線起於桃園火車站東側桃園捷運綠線 G07 站，並與之相交轉乘，沿萬壽路三段東行，續行萬壽路二段，轉至東萬壽路銜接萬壽路一段，並續行新莊中正路至捷運新莊迴龍機廠後，與捷運新莊線銜接，並與之相交轉乘。全線採高架型式，全長約 11.5 公里。

同樣地，目前捷運棕線尚處於規畫階段，非本書推薦優先購屋區段。

棕線車站依照捷運工程處資料，目前站區規畫如下（未正式定案）：

| 車站 | 位置 |
|---|---|
| BRH01 | 桃園區桃園車站 |
| BRH02 | 龜山區萬壽路二段縣立體育場附近 |
| BRH03 | 龜山區萬壽路二段與大同路口附近 |
| BRH04 | 龜山區萬壽路二段與振興路口附近 |
| BRH05 | 龜山區東萬壽路與寶石街路口附近 |
| BRH06 | 龜山區東萬壽路與大棟橋路口附近 |
| BRH07 | 龜山區萬壽路一段與龍華街路口附近 |
| BRH08 | 新莊市中正路新莊機廠前 |

（參考資訊來源：桃園市政府捷運工程處）

# 結論
# 人人都可以投資房屋，改變自己的人生

看完本書，你還會認為自己「不可能」買房子嗎？或者你正躍躍欲試呢？

任何時刻，只要抓到對的觀念，改變都不嫌遲。不論你是一個才剛畢業的社會新鮮人，或者是已經五、60歲即將退休的人，只要願意坐下來和專家談，我們都可以幫你做出正確的投資理財規畫。

看完本書，你會發現，我們沒有高喊遙不可及的未來夢想，相反地，我們舉出實例，所有的成功案例都是現在進行式，背後也都有一套清楚的邏輯。我們不藏私，把所有房屋投資理財的方式，包括計算公式以及投資步驟，都和大家分享。

我們也以開放態度鼓勵大家，不要光只有「知道」，也要能「做到」。

在本書最後，我要再次強調。

夢想可以實現，「去做」就對了！

現在，你可以讓自己安靜下來，拿出你的存摺及一張紙，算一算你手中有多少資產。

你想在短時間內成為千萬富翁嗎？有沒有想過透過房屋理財達成這個目的？

接著，你可以透過 Email 來信向我諮詢，或者加入我們的臉書，

相信只要踏出第一步，在我們的輔導下，你就可以一步一步朝致富之路邁進。

# 從 0 開始賺 1 億 ②
## 是真的！房產天王呂原富教你零元購屋

作　　　　者／呂原富
出版經紀人／廖翊君
採 訪 整 理／廖翊君文字團隊、蔡明憲
責 任 編 輯／許典春
封 面 設 計／申朗創意
企畫選書人／賈俊國

總 編　　輯／賈俊國
副 總 編 輯／蘇士尹
行 銷 企 畫／張莉滎・廖可筠

發　行　　人／何飛鵬
出　　　　版／布克文化出版事業部
　　　　　　　臺北市中山區民生東路二段 141 號 8 樓
　　　　　　　電話：(02)2500-7008　傳真：(02)2502-7676
　　　　　　　Email：sbooker.service@cite.com.tw
發　　　　行／英屬蓋曼群島商家庭傳媒股份有限公司城邦分公司
　　　　　　　臺北市中山區民生東路二段 141 號 2 樓
　　　　　　　書虫客服服務專線：(02)2500-7718；2500-7719
　　　　　　　24 小時傳真專線：(02)2500-1990；2500-1991
　　　　　　　劃撥帳號：19863813；戶名：書虫股份有限公司
　　　　　　　讀者服務信箱：service@readingclub.com.tw
香港發行所／城邦（香港）出版集團有限公司
　　　　　　　香港灣仔駱克道 193 號東超商業中心 1 樓
　　　　　　　電話：+852-2508-6231　傳真：+852-2578-9337
　　　　　　　Email：hkcite@biznetvigator.com
馬新發行所／城邦（馬新）出版集團 Cité (M) Sdn. Bhd.
　　　　　　　41, Jalan Radin Anum, Bandar Baru Sri Petaling,
　　　　　　　57000 Kuala Lumpur, Malaysia
　　　　　　　電話：+603- 9057-8822　傳真：+603- 9057-6622
　　　　　　　Email：cite@cite.com.my
印　　　　刷／卡樂彩色製版印刷有限公司
初　　　　版／2016 年（民 105）9 月
初 版 14 刷／2020 年（民 109）6 月 15 日
售　　　　價／300 元

城邦讀書花園　布克文化
www.cite.com.tw　www.sbooker.com.tw